文化关键词

〔日〕 镜味治也 著

张泓明 译

2016年·北京

鏡味 治也

キーコンセプト文化：近代を読み解く

世界思想社，2011

根据世界思想社2011年版译出

序

经晚辈张泓明博士的介绍,我邂逅了《文化关键词》这本书。本书以"文化"为线索,叙述清晰、平直,既是一本引发思考的书,又是一本具有工具色彩的学术指南书。它能够被翻译介绍到中文世界,笔者认为它延续了中日知识界的共同传统——以汉字为媒介面对西方知识。近代以来,中国有很多志士留学日本,从日本直接引进了象征现代性的"关键词",如"科学"、"经济"、"法律"、"社会学"等。梁启超的"新史学"编纂方式也来自于日本,与中国传统的二十四史编纂方法相比,它产生了截然不同的社会效果。中国与日本就这样,唇齿相依,协和也是它,摩擦仍然是它。

从儒家文化传统来看,汉字中的"文化"有两个含义：一是"文"，指文字、文章、文采，又指礼乐制度、律令条文等；二是"化"，即"教化"、"教行"、"修身"的意思。可见，古文中的"文化"既包含了"形"，也表达了"动"，也就是"文化化"（enculturation）的含义。中国历史上给周边族群的称谓加上犬字旁，以表达教化与未开化、礼仪与蛮夷之间的区别，这种文化上的界限背后表达了万卷归宗的价值判断。另一个则是文艺复兴以后以技术革命为结构动力的社会进化论。它告诉我们：现代性是以理性为范式。其中一个小插曲表现为在欧洲中心主义思想下产生的"东方学"（Orientalism），亦称"东方主义"。"东方学"告诉我们：他者的存在价值有时并非经验性的，纯粹的观念层面塑造的他者形象同样可以起到巩固自己的话语霸权地位。这种用异己的眼光或观念看待、塑造他者形象，并以此来证明理性范式的正统性与权威性，这被称为"文化霸权"（cultural hegemony）。学术上将其归类为"西方中心主义"，它指以白人文化作为核心价值的认知模式。这种价值取向有较强的排他性，因而也是产生种族间社会歧视（social discrimination）的温床。

当今人类面临的问题是德国社会学家贝克（Ulrich Beck）

所说的"风险社会",如环境、人权、教育、福利等,这些问题的根基是具有价值导向的文化,也就是说人类问题的核心是文化问题。随着人类对文化的认识,我们发现:人类生活在各自的文化流当中。人们创造了属于自己的文化氛围,在认同它的同时产生凝聚力,当然也具备了认同所带来的排他性。现代性尚不能完全处理好文化问题,甚至制造了很多认识论上的麻烦;同样,后现代主义思潮仅仅把精力放在对现代性的批判上,而忘记了建构人类可以达到理解、共识的认识论平台。笔者认为:文化是人与人、人与自然、人与观念(如信仰、概念范式等)之间表述与理解的意义系统。其中最为核心的问题是人与观念的意义系统的表述与理解。韦伯(Max Weber)把社会学定位为关于理解(行动意义)的学科,我认为这还不够,它应当是关于建构理解的对话过程。总之,科学家,尤其是社会科学家的研究对象不是小白鼠,他们研究行动应是通过对话实践其理解的过程。把握住了这一点,就可以摆脱自然科学对社会科学的那种方法及方法论上的,即技术性客观主义的控制,研究对象也将不再会因这种技术性客观主义而"植物人化"。一个彰显主体性的时代即将来临,它的唯一渠道是对话。它所呈现给人类的知识体系将是具有对话能力的公共平台。

"文化"一词由中国传入日本，近代以后又"回车"至中国，譬如严复当年翻译 sociology 为"群学"，该词后经日本翻译成为"社会学"，并传播至中国，后沿用至今。尤其在近代，这样的汉字概念"进出口"在中日之间屡见不鲜。另一方面它也说明，同样使用汉字的人民之间存在文化理解与表述上的差异。日本近代大思想家福泽渝吉（Fukuzawa Yukichi）当年留美回国，曾经为 people 的翻译犯愁。日语中有"人"，也有"民"，唯独没有公民意识的"人民"。日本民俗学家柳田国男（Yanagida Kunio）曾经用"常民"表达经营日常生活的人，但它已经失去了人民中为了公民权利而斗争的"革命"和阶级的含义。这种差异按照近代的观点来看，它是文化多样性的一种表现形式。记得当年费孝通在介绍西方"个人主义"时阐述了现代性中在"个体"层面的重大差异。中国人表现为"自我主义"，即总是以与自我的关系中定位他者，这与迪尔凯姆（Émile Durkheim）意义上的"有道德的个人主义"完全不同。同样，本书的作者镜味治也在出版这本书时，他心目中从事的已经不再是文字层面的理解与翻译，而是一种人类学意义上的"文化翻译"，尤其是在现代性进程中，各个文化实践所面临的现状。文化在这个意义上，它已经不再是教化，而是经过理解这一认识论意义上的智力劳动所能够达到的文化自觉和对文化多样性的理解与实践，它具备了从古至今的传承，同时也表达了横向传播，因此文化是一种力学现象。如果我们承认理解是通过对话共同建构的，那么我们就不可否认你中有我、我中有你的社会事实。

罗红光

北京·翠湖

2013 年 9 月 23 日

中文版读者寄语

本书能在"文化"发祥地的中国,使用孕育了"文化"一词的汉语出版,我感到由衷的高兴。殊不知这仅仅由两个字组成的词语中,蕴含了无数人历经数千年的实践和思考。

150年前日本开始快速吸收西方近代文明的成果。从那时起,"文化"这个词语作为英文"culture"的对译词被译介到日本,随后,由"culture"对译而得的"文化"被翻译输出到中国,不过"culture"这个词与中国所讲的"文化"有很大不同。

然而就近代化这一课题而言,在过去的150年中,日本与中国却经历了完全不同的历史和社会历程。近代化进程中"文化"一词所寄托的意味,在日本和中国或都已发生了改变。读到此书的中国读者朋友,如果能试着探求、讲述中国在这 150 年间文化含义发生的变化，将会是一件非常有意义的事情。

我坚信，即使在现代中国，文化也是重要的关键词之一。

镜味治也

金泽

2013 年 8 月 3 日

目录 Contents

导言 "文化"概念与近代

一、"文化"该词 ... 1

二、"近代"这个时代 ... 3

三、近代思想的发展与传播 ... 6

四、近代与"文化"概念 ... 7

五、本书的结构 ... 8

第一章 "文化"概念的产生与发展

一、克罗勃与克拉克洪的《文化》... 12

二、词源与用词的定型 ... 13

三、"文化"与"文明"概念的对立化 ... 16

四、德语圈中的意义变化 ... 18

五、赫尔德的《人类历史哲学的构想》... 20

六、克莱姆的《人类文化史总论》... 23

七、泰勒的"文化"定义 ... 25

八、克罗勃与克拉克洪的《文化》与人类学的文化概念 ... 27

第二章　德国的"文化"VS法国的"文明"

一、诺贝德·艾利亚斯的《文明化的过程》... 31

二、"文明化"与"文化"概念 ... 33

三、从阶层对立至国民对立 ... 37

四、德国国家的形成与民族主义 ... 40

五、19世纪前半期的德国思想界 ... 42

六、法国"文明化"概念的形成与发展 ... 45

第三章　民族与民族主义

一、民族主义与国民国家形成 ... 50

二、民族与民族主义 ... 51

三、民族主义的思想源流 ... 53

四、安德森的"想象的共同体"论 ... 59

五、盖尔纳的民族主义论 ... 65

六、从民族主义到民族分离主义 ... 69

第四章 英国的文化概念

一、英国与工业革命 ... 71

二、双重革命时代的英国 ... 72

三、雷蒙德·威廉斯的《文化与社会》... 75

四、英国文化概念的准备阶段 ... 79

五、浪漫主义的诗人们 ... 83

六、马修·阿诺德的《文化与无政府状态》... 88

七、之后的发展 ... 90

八、威廉斯与文化研究 ... 93

第五章 传统的创造

一、"传统"与近代 ... 96

二、"传统"概念的变迁 ... 97

三、"近代"概念的变迁 ... 99

四、"传统的创造"理论 ... 101

五、"传统的创造"理论与"构成主义"... 105

第六章 美国的文化概念

一、从民族主义时代至多民族混居时代 ... 108

二、亚当·库珀的文化 ... 109

三、美国人类学的发展 ... 111

四、博厄斯的文化观 ... 113

五、文化复数形式的出现 ... 115

六、爱德华·萨庇亚 ... 116

七、鲁丝·本尼迪克特 ... 123

八、20世纪20年代美国的社会状况 ... 128

九、美国式文化观的定型 ... 131

十、少数民族政策与多文化主义 ... 133

第七章 文化相对主义

一、文化相对主义的主张与背景 ... 136

二、文化相对主义的几种形态 ... 138

三、文化相对主义之驳论 ... 140

四、相对主义与普遍主义 ... 143

五、超越自文化、自民族中心主义 ... 146

第八章 人种与民族

一、英语中的"民族" ... 148

二、"人种"概念与种族主义 ... 149

三、德国的"volk"概念 ... 152

四、20世纪英国社会人类学的"部族"概念 ... 155

五、20世纪70年代美国的族群论 ... 157

六、格尔茨的"原生的纽带"论 ... 158

七、巴特的族界理论 ... 160

八、汤拜耶的民族国家主义论 ... 163

九、面对民族问题 ... 166

第九章 文化研究

一、文化研究的形成与开展 ... 168

二、霍加特的《识字的用途》 ... 169

三、霍克海默与阿德诺的《启蒙辩证法》 ... 172

四、瓦尔特·本雅明的《机械复制时代的艺术作品》 ... 176

五、葛兰西的"主导权论" ... 180

六、阿尔都塞的"国家意识形态机器"论 ... 183

七、威利斯的《哈玛小镇的野孩子们》 ... 185

八、文化批判的探讨 ... 188

第十章　日本的文化概念

一、翻译问题 ... 191

二、明治至第二次世界大战的"文化"概念 ... 195

三、战后的"文化国家" ... 197

四、美国式"文化"概念的流入 ... 199

五、石田英一郎与文化人类学 ... 201

六、《菊与刀》的翻译出版与日本文化论的流行 ... 203

七、日本政府的文化政策 ... 206

八、文化遗产保护法与文化遗产政策 ... 207

九、文化遗产之外的法令 ... 213

十、近代的接纳与日本的功用 ... 215

结　语 ... 222

相关文献 ... 227

语源解说索引 ... 235

人名索引 ... 236

后　记 ... 242

译者后记 ... 245

导言 "文化"概念与近代[①]

一、"文化"该词

"文化"是我们最耳熟能详的词语之一。它与"政治"、"经济"、"社会"一样,是反映人们生活各方面的大众词语。报纸上与"政治专栏"、"经济专栏"以及"社会专栏"等一起并列设立的还有"文化专栏"。

翻开报纸,使用"文化"一词的文章内容触目可及。不过在这些文章中,"文化"作为一个词语单独使用的情形却非常罕见。在今天的日本频频见到的用法是"××文化"或者"文化××",例如与政府、联合国教科文组织的文化

[①] 作者书中所表述的近代一般被理解为明治维新(1868年)至今。——译者注

政策相关的"文化财"①、"文化遗产",也有如"饮食文化"、"稻作文化"②这样的用法,还有像"日本文化"、"地中海文化"那样加上国家与地区限定词的用法。或者如"阿依努族文化"那样以"民族"命名,或者如"绳文文化"、"天平文化"那样以"时代"命名,再有"青少年文化"、"大众文化"或者"职场文化"等:似乎所有社会现象都能被冠以文化之称。

这些表述我们今天听起来已经没有丝毫抵触感,但如果认真探究起这些词语中"文化"的真正含义时,却发现一时间很难得到确切的答案。文化遗产和历史遗产的差别究竟在何处?"稻作文化"能简单解释为种、食水稻的传统和习惯吗?"阿依努文化"和"青少年文化"的区别只是担当主体角色的不同吗?

将特定人群的风俗习惯、行为方式称为"文化"会赋予其一种特殊的感觉(这也正是该词的用意所在)。这种非

---

① 中文译词为"文物",此处为突出文化作为修饰词,故保留日文词。——译者注
② 稻作文化被用来描述以水稻为媒介培养的集体协作精神,被认为是标志性的日本文化内容。——译者注

常难以言表的感觉正是"文化"最初使用时被注入的意义与包含的价值观所造就的东西。而且正像本书所探讨的那样,在该词中体现的是随着时代的变化许多不同内涵和价值观的累积。

日语中的"文化"是英语"culture"的对译词,是明治时代创制的词语。英语的"culture"以拉丁语为词源形成于15世纪,但是我们今天所说的文化含义则主要是18世纪后才形成的。也即是说,直到近代以后世界上(包括日本)"文化"一词的使用才变得频繁。所以可以说文化蕴含的意义与价值观充满了近代的气息。

二、"近代"这个时代

"近代"以"人性的解放"为口号拉开序幕。人们从对中世纪基督教基础的教义的盲目信仰、对封建君主的盲从和因循守旧、无知蒙昧中解放出来。在文艺复兴、宗教改革、工业革命、市民运动等此起彼伏的大变革背景下,人们逐渐从过去的状态中解脱了出来。这种活力产生的源泉正是世间大众本来就应普遍具备的理性精神。从17世纪英国使用理性可以不依赖神的启发也能得到真理的"自然神论",经笛卡尔(Reńe Des Cartes)的"我思故我在"的形而上学的理性,发展到用理性的光芒来歌颂文明发展的、以百科全书派为代表的18世纪的法国启蒙主义思想,再到对理性进行批判性锤炼的康德(Immanuel Kant)之后的德国观念论哲学,理性一直是思考人与世界的近代思想的出发点与核心。之后科学的发展和对科学的信赖也成为对理性信赖的延续。

然而人性的解放也是欲望的解放,也预兆着弱肉强食丛林社会的重新回归。于是在恢复理性的个体中,在人类的社会中如何定位这种代表原始欲望的人的情感,成为思考理想社会之外的又一个重要课题。道德与伦理成为近代哲学的重要研究对象,法国革命中与"自由"、"平等"相并列的"博爱"口号的提出,都反映了那个时代对该问题的思考。

联想到欲望被解放之时的混乱状态,霍布斯(Thomas Hobbes)主张用社会契约的方式来确立国家权力,洛克(John Locke)认为市民社会是自然状态下认同理性思考的"契约"的立足点。研究自由主义经济的亚当·斯密(Adam Smith)同时也是道德哲学课的教授,他在《国富论》之前就以《道德情操论》为题,以对方的"同感"为依据,强调自我约束的重要。法国的卢梭(Jean-Jacques Rousseau),通过契约将市民社会彻底公共化,来为市民革命做铺垫。见证到法国大革命中的理性暴行,德国观念学派将康德的普遍、合理主义的世界公民社会志向,向浪漫主义式的历史主义的方向转变,通过理性与非理性直观感觉的对置,摸索向不单纯依赖理性的社会与国家的模型前进。从此黑格尔(Georg Wilhelm Friedrich Hegel)的历史哲学开始构想,接着有了批判式继承的马克思主义思想。①

理性与情欲的关系在近代的发展过程不是由一种压倒性的观点来支配的,而是由各种各样观点在不断争论中构思而得的。人的情欲或是以"道德"的名义再次被压制到理性之中,或是在批判理性过程中自我约束,否则采用社会契约的方式来制约,不然只能是通过革命,用暴力的手

---

① 近代思想的源流,是以生松敬三《社会思想的历史》(2002年[初版1969年])的古典论著,以及平井俊彦《为学习社会思想史的读者们》(1994)等概论性的书籍为线索的。有关亚当·斯密的内容参考了堂目卓生《亚当·斯密》(2008年)。另外,在市野川容孝《社会》(2006年)中,从"社会中的,the social"这种近代已有概念出发,对如何调整个人情动进行了深远的探讨。

段来改变现状。这些成为争论的主要内容。

三、近代思想的发展与传播

近代思想的发展历程为研究人类社会进程提供了历史背景,为世界提出了新的构想。那即是共性与个性的问题,是使用普遍性原则来改造社会,或是宣扬个性、特性,还是在共性的架构中认可多少个性的问题。

近代思想的基本内容是超脱过去,展望未来,建立理想中的社会,标榜理性推动人与社会文明进步的启蒙主义,始终是以普遍性的理念为目标而行动的。然而一旦开始探究过去的历史与成就时,就不可避免要接触到个性的问题。因为个体的差异毫无疑问是存在的,它要么与共性理念发生冲突,要么必须至少在共性与个性之间做出些许调整。这个问题,贯穿了19世纪欧洲近代国家的成立,至20世纪殖民地的独立,再至近年的民族问题的始终。

与其相关联并须留心的一个问题是,"近代思想"不是从欧洲的某一个国家或某一个地方,而是从欧洲全域,特别是英国、法国、德国等主要地区通过各种事件直接、间接地相互作用中发展而来的。18世纪的启蒙主义以及康德的批判哲学等思想的构思，正因为都是不拘于一地的普遍性理念，所以能瞬即传播到其他地区并造成很大影响。19世纪盛极一时的浪漫主义式的历史主义，确切而言是以回顾过去的方式来宣传个性，但并未借此放弃人类的理性、人类社会的进步等共通框架下（想象中的）的信念。正因如此，才以民族主义、国家主义（nationalism）[①]的形式瞬间传播至欧洲的其他区域，并在20世纪中扩展至整个世界，也可以说由此"近代思想"成为一种世界标准。"近代思想"的产生和发展，及以其理念为支撑的大规模社会变革，把对共性理念的追求和对个性的宣扬两种对立的内容糅合在一起，以这种活力为动力推动社会前进。这种对立的结构，可以说正是把世界卷入近代的始作俑者。

四、近代与"文化"概念

"文化"作为重要概念是在18世纪开始思考人与世界的关系的近代思潮中登场的。首先文化被用作表达理性觉

---

① 加英文注释处是指该词是日语中用片假名拼写的外来词。——译者注

醒后的教养、文明化状态的描述性语言，19世纪之后转而成为增强历史与传统联系的纽带，强调民族的固有内容。18世纪文化作为人类所追求的共同理想而被提出，19世纪之后成为宣传地区与民族个性基础的内容。这种含义的变化，可以说是与近代思想的发展完全呼应的。

"文化"概念随着近代思想的发展不仅被赋予了重要意义，而且因为此种被赋予的意义，文化成为运动的旗帜与理论依据，甚至不断引发摩擦和战争。"文化"可以随意指替各种东西，且作为具有高尚意味的方便词语，被我们在今天随意滥用。回首过去的300年间，在走向近代的动荡年代中，"文化"被揉磨、锻压，它甚至可以说是被血腥历史所装点的词语。

五、本书的结构

本书将"文化"概念的形成和其发展历程联系当时的社会背景展开概括式阐述。文化概念及其孪生的"文明"概念在近代开始之时，由拉丁语先至法语，被英语纳入后又获得新的内涵，被介绍至德语再次被添加了另外的意味，

20世纪后在美国又再次被修正。正是这样为应对不同国家的不同情况,"文化·文明"概念作为一个表现该国所面临问题的基本概念起到了重要作用。本书从对该过程的概述开始,对德、法、英、美各国的发展分别展开探讨。

在近代国家的形成、近代世界的参与中,与"文化·文明"概念相并列,并与其紧密相关联的一系列概念同样起到了很大的作用。国家(nation)、传统、民族即属此类词。这些都是与文化概念相近的概念,通过与文化概念相组合,成为具备近代思想理念特征的基本概念。本书也将这些概念联系文化概念的发展,对相关问题进行探讨。

以文化为核心研究对象的学科有文化人类学和文化研究(culture studies)。这两个学科形成发展的过程也与国家当时所处的社会情形紧密相关。从而有必要从两者处于什么样的社会背景下,如何把握"文化"这一概念,如何贴近深入"文化"概念的过程展开探讨。还有以文化概念为基础成为当代重要理论的"文化相对主义",本文也有所涉及。

最后本书对作为译词引入日本的"文化"概念的变迁做一概述。日本国内的文化概念含义也发生了诸多变化,正因为经历了此种过程，才出现书中开头所讲的"文化"一词使用泛滥的景况。

通过以上的概述和探讨，再次验证"文化"一词所包含的多重含义，明晰这种充满特定时代特征和在当时国家所处情形下所产生的价值观，从而再现"近代"这一时代的特征就成为本书的写作目标。

关于文化，或者从文化这一视角来观察人，自进入近代以来无数思想家、政治家、艺术家等都提出过自己的观点。本书中将对具有代表性的几个人所写的文章（有的已有日文翻译）尽量多地予以介绍，以使读者通过对这些文章的接触真正可以感知到近300年间的人们在自己生活的空间内是如何思考，又是如何为此苦心焦虑的。

关于"文化"以及相关概念与含义的变化，文化人类学和文化研究学科以外，从历史进程、各国情形的角度出发探讨的优秀成果也已有很多，本书也参考了其中一部分内容。也请本书的读者尽量参阅相关文献。书中提到的资料原则上是从译本中引用的。

本书以追溯文化以及与其相关的文化概念的形成与发展，明晰其中的含义内容为目标，同时也有意通过对文化概念形成、发展的分析，对近代这一时代的特征进行再现。我们现在生活的时代正是所谓"近代"，横亘在我们面前的有环境恶化、贫富分化、难以消除的贫困、地区纠纷等诸多伴随着近代而来的问题。解决这些问题并非易事，但愿通过对文化概念的探讨能发现些许头绪，为解决上述问题提供一定的参考。

第一章 "文化"概念的产生与发展

一、克罗勃与克拉克洪的《文化》

"文化"这一概念自何时起,以何种含义开始使用,之后又发生了何种变化呢?对于上述问题的回答,首先可参考20世纪中期美国文化人类学界两位人类学家权威,克罗勃(Kroeber)与克拉克洪(Kluckhohn)所著的《文化——概念与定义的批判研究》(*Culture: A Critical Review of Concepts and Definitions*,1952年初版)。该书对欧美已出版的书籍中所出现的诸多文化定义进行归纳、总结并分类,最终由作者总结出文化的定义,其中的第一部分对文化概念的出现及其后的发展进行了大致概括。

此处首先对该著作所提出的文化概念的梗概进行追溯,

作为探讨文化概念的线索。此外著者将"文化"概念与其孪生式的"文明"概念组合在一起来说明它的产生与发展，以下是关于对两者进行探讨的内容。

二、词源与用词的定型

英语的"culture"的词源是拉丁语的"cultura"。该词是由表示"住、耕作、尊敬"的拉丁语的动词"colere"派生而来的名词，表示"耕作、饲养、尊敬"，另外在基督教的著述中，还具有"崇拜"的意思。

该词"cultura"成为"culture"进入英语世界是在15世纪，后来陆续经历了下表中提到的各种含义变化。该表是由克罗勃与克拉克洪从牛津辞典中整理出的用法（Kroeber & Kluckhohn 1963：62—63）。辞典中所记载的"精神、嗜好、行为举止的锻炼、成长、锤炼，以及锻炼与锤炼后的状态，文明的理性方面"的用例是1805年诗人华兹华斯（William Wordsworth）使用过的文例。

1420 年	农业、畜牧、耕作
1483 年	崇拜
1510 年	精神的锻炼、能力、举止行为（托马斯·莫尔）
1628 年	身体的锻炼（霍布斯）

另外，拉丁语的 cultura 一词先翻译至法语的 couture，之后才有英语译词 culture。该词首先进入的是法语，似乎英语中的该词是从法语中取得的。克罗勃和克拉克洪对法语的内容只是简单提及，西川长夫（2001：171—176）却对法语中该词的引入及其意思变化做了较为详细的介绍[①]。从此处可知法语从有关土地耕作、家畜喂养等原本拉丁语的内容，引申出能力的培养、精神的锤炼等意思，接着能力、精神这一具体的对象脱落，向"培养、锤炼"抽象的概念升华。在西川看来，第一阶段的变化发生在17世纪后半叶，随后第二阶段抽象概念的"文化"概念的成立时期

---

① 西川长夫著《超越国境之法——国民国家论序说（增订）》（2001）是引发本书构思起点的著作，至今反复阅读时仍时有启发。西川在书中探讨文化与文明起源的同时，论述了文化与文明对近代的民族国家形成所起到的作用。所涉及的范围从国家的形成向帝国主义扩张，再至多民族国家、殖民主义批判等这些今天的课题。西川作为研究法国思想的专家，特别是以法国文明概念的发展为中心进行了论述。

则是在 18 世纪后半叶。上表中所举出的英语中的用例看起来较早，但西川认为那只是特殊的用例，而一般性的用法普及较晚，与法语中意思变化的时间大致相当。但在法语中，相比"文化"概念，"文明"概念作为非常重要的关键词，在 18 世纪以后使用更为频繁。

表示"文明"意思的，英语中的"civilization"，法语中的"civilisation"，语源都是拉丁语中的 civis（市民），civitas（城市国家），civilitas（市民权），由其中派生出中世纪拉丁语一词 civitabilis（获得市民权成为城市居民）。该词 13 世纪末首先进入法语，成为 civil（市民的、礼仪端正的）、civilite（礼仪）。16 世纪后半叶其动词形式 civilser（文明化）开始出现，其名词形式 civilisation（文明）于 18 世纪中期最终形成（前书：162—168）。该名词进一步以复数形式出现，据说最初是在 1819 年（Williams 2002：56）。另外该词被从法语引入英语首先是动词形式 civilize，随后是名词形式 civilization，英语各种形式的使用时间都比法语略晚一些。

由此可知，"文化"与"文明"其各自拉丁语的语源"农耕牧畜"，"城市国家、市民"有着完全不同的含义。前者从其包含的"养育"意思引申出"锻炼、培育"等含义来指代人类精神层面的形成过程。而后者是从对市民的礼仪端正的关注,由"城市化,被锤炼"等动词引申而来的。这两者的含义逐渐接近,都经由专注人类理性活动的苏格兰启蒙学派、法国的重农学派以及百科全书派等启蒙学家之手,可以说是被培育成为象征时代精神的重要概念。在此之后法国将"文明",英国将"文化"作为自己相对重要的概念的形式定型。但这两个国家中都长期保存了"教养、高尚"的意思。

而借用这些用语的德国,对"文化"的概念特别添加了一些变化的含义。之后西班牙语、俄语,以及其他的欧洲各语种都是借用德语变化过的"文化"概念而来的。

三、"文化"与"文明"概念的对立化

克罗勃与克拉克洪在具体阐述文化概念给德国带来何种意思变化之前还指出,"文化"概念被逐渐与"文明"概念区分开来,成为一种相互对照的内容(Kroeber & Kluckhohn 1963:25)。这种倾向在德语圈中的表现尤为显

著。克罗勃与克拉克洪把德语圈中著名学者提到的"文化"与"文明"概念与其中的意思进行了整理，其变化如下表所述：

人名（著作出版年）	文化	文明
洪堡Wilhelm von Humboldt（1836年）	科技对自然的控制	社会对人冲动的控制
滕尼斯Ferdinand Tönnies（1887年）	社会民俗中的习惯、宗教、技术	国家组织的法律、科学
韦伯Alfred Weber（1920年）	精神的、情绪的、理念的状态	技术的、生存环境的、物质的状态

19世纪前半期的威廉·洪堡（Wilhelm von Humboldt 地理学家洪堡之兄）的定义和我们今天所看到的"文化"与"文明"的概念内容似乎正好相反。但考虑到文化的语源是"农耕"，文明的语源是"市民"、"城市国家"，这种表述方式可以说是与其各自的拉丁语源的意思相接近。这种表述方法至19世纪后半叶社会学家丹尼斯时向与现在意义相接近的方向转变，20世纪的社会学家韦伯（Alfred Weber，马克斯·韦伯之弟）继承了此种变化。而这种含

义的转变（逆转）可以估计是在19世纪的中期发生的。

然而比含义发生变化更为重要的是，将"文化"与"文明"概念相对照的这种尝试不是发生在英国与法国，而是在德国。据克罗勃与克拉克洪所考证，将"文化"与"文明"概念做对比尝试的最初的例子就是表中所举的洪堡。关于这一点下一节将要详细探讨，其原因不仅与德国"文化"、"文明"概念接受的具体过程有关，更与当时欧洲的社会情形、国家间的局势密切相关。

四、德语圈中的意义变化

关于文化概念在德语圈中经历何种过程，发生怎么样的意义变化这一问题，克罗勃与克拉克洪整理了如下内容来说明。"kultur"一词在德语中出现于17世纪末，最初是指人的知识、道德能力的提高，随后所指对象逐渐由个体扩大到民族乃至全人类。在这个过程中起到积极推动作用的是以赫尔德（Herder）为代表的18世纪末的人类史学家，以及19世纪中期的民族学家克莱姆（Klemm）、文化史学家布克哈特（Burckhardt）等。

在探讨、追溯人类发展史的启蒙主义风潮的兴趣影响下，18世纪末的德国人类史学家们所讨论的"文化"与当时的法国与英国一样含有"启蒙以至进步"的意味，但另一方面同时他们也在关注地域间进程的多样性。其中赫尔德在1784—1791年间出版的主要著作《人类历史哲学构想》中对人类发展历史频繁使用的"传统"一词进行了细心探究。克罗勃与克拉克洪认为赫尔德所用的"文化"与拉丁语的语义相接近，是指"耕作的进步、能力的提高"，但"文化"与"传统"一词相组合时，"启蒙"的意味又变得淡薄了许多。

另外受启蒙主义的风潮影响，同一时期康德等哲学家提到了文化对人的精神锤炼方面的内容，然而这种趋向自黑格尔的历史哲学观树立之后逐渐转至精神与历史原理的研究，对文化的关注的热情也随之降温。

赫尔德为代表的"文化"的新用法在德国确立于19世纪中期，克罗勃与克拉克洪指出最先且最为明确新用法的是1843年至1852年间出版的民族学家克莱姆的《人类文化史总说》。在该书的第1卷中可以看到"文化的阶段"、"文化的发展"等表达，而"启蒙"与"传统"、"人性"等

18世纪中与文化紧密相关联的词语已经不再使用了。

克莱姆所用意思的"文化"概念在之后的德国学者与知识分子间迅速普及。文化史学家布克哈特所著《意大利文艺复兴的文化》（1860年）是其中较早的一个例子，除此之外，美学家、哲学家、社会学家对这一概念也进行了完善和加工，与此相随的是"文明"概念在德国衰退了。

克罗勃与克拉克洪总结道：从而1913年出版的《德意志外来语辞典》中明确记述，在德国，文化有着"社会生活的形态与过程，物质、精神两方面手段及产物"的全部意义。

五、赫尔德的《人类历史哲学的构想》

我们从赫尔德和克莱姆的实际描述来确认一下克罗勃与克拉克洪之前对"文化"的整理。赫尔德编著的四卷本《人类历史哲学的构想》由20章构成。第1章从宇宙中地球的位置开始讲述，第2、3章是关于动植物内容的描述。第4章开始是涉及人类的内容。第4章是关于人的身体构造与各种机能的内容，第5章是有关能量以及各种器官的发育的内容，第6、7章分析了各个人种的身体特征以及地理要素。第8、9章是以"文化"、"人性"、"传统"用语来解释的一种文化理论，第10章则论述了亚洲人类历史的起源。第11至第20章是从东亚、西亚至希腊罗马、欧洲周边民族，基督教、伊斯兰教的发展史。除政治史之外，更多的是中世纪至近代，包括欧洲史在内的世界各民族文化历史的回顾内容。

其中克罗勃与克拉克洪所举的包含"文化"一词的文章的内容，有以下的例子：

> 生命若在，发展永不休止，我们将由土地开垦而来的，人类第二次进步称之为文化，文化之前的意象命名为启蒙吧。如何命名尚待商榷，但文化与启蒙却是永远紧密相连的。
>
> 传统是繁衍之母，语言和稀有文化是那样，宗教和虔诚的习惯也是那样。
>
> 人类呀，将这共同的习惯、共同的文化，献给所有的民族吧。
>
> 欧洲不存在为了文化而自发向上的民族。

不论何种动物，都未能像人这样拥有语言，更不用说文字、传统、宗教、法律了；也未能像我们每个人每时每刻看到的那样，被教养、衣服、住所、制品、模糊的居住习性、不受约束的欲望，以及善变的想法装点着。(Kroeber & Kluckhohn 1963：39—40)

克罗勃与克拉克洪指出，最后这段引用文字正是现代文化的表述内容，那也正是我们人类共同具备的内容。同样在第三段引用文中也有"人类呀，将这共同的习惯、共同的文化，献给所有的民族吧"这样的话语。最终赫尔德在注意到民族差别的同时，也试着回顾了人类共同文化的发展历程，这也说明他的思想还是主要停留在启蒙主义的思想框架之内。

另外与赫尔德同时代的阿德隆（Adelung），1782年写下了《关于人类文化史的思考》一书。他在书中写道："文化使我们从感性的动物状态，转移到了相互联系更加紧密的社会之中。""文化是有着严谨定义的概念，是从身体、言行举止的改良和锤炼而得的。"阿德隆继承了当时的启蒙主义文化观，但同时也说"修炼、启蒙、能力的发展这些词语（文化一词表示的含义）只能表达出文化含义的一小部分"（前书：37）。之后在1793年他编纂的德语词典中，文化被进一步赋予了以下的含义：

> 文化——一个人，或一个民族，精神的、身体力量的全面改善或端正。从而使这个词不只意味着纠正偏见，启蒙改良理性，也包含习惯，行为举止的端正与改善的意味。（前书：38）

在此可以看出他比赫尔德更加明确地把文化的共有对象限定至一个民族，也可以看出他已经从对人类整体文化发展的兴趣转移至对个别民族文化的兴趣上。

六、克莱姆的《人类文化史总论》

18世纪末人类史学家们的文化观到19世纪中叶克莱姆时发生了何许变化呢？克罗勃与克拉克洪从克莱姆的著作《人类文化史总论》中介绍了如下文例：

我的设想是将人类的几个阶段的发展，从所有的侧面来进行探讨和展现，从最初的最野蛮阶段至有机的民族性／国民性（Volkskörper）的组织阶段。各个侧面包括习惯、知识和技术、平时以及战时的家庭生活、社会生活、宗教、科学与艺术……

文化的结构是从私人生活开始的，起源根植于家庭之中。

你能看到的所有制是一切人类文化的起源。

（关于殖民地与"流动的人群"的扩大）移民在新的生活地将故地达成的文化整体移植，将其作为新生活繁荣的基础。

"流动的人群"组成的各个国家中，习惯主宰了文化。（前书：44—45）

仅就克罗勃与克拉克洪所引的文例而言，文化关于个人行为的端正与能力的提高的含义被删去。而且明确认识到文化为民族、移民等集团所共有，并依照民族与人种不同而有所差异。但这其中的差异被以"文化的阶段"的名义，组合至人类整体的发展中，成为19世纪后半叶学术思潮中文化与文明的发展阶段论框架中的一部分。

"人类社会发展阶段论"也被称为"社会进化论"。这种理论是以启蒙主义思想所主张的、从蒙昧发展到文明的理念为基础，将世界各地各种文化社会的差异用进步与发展这一尺度来衡量，并进行说明的理论。这种理论以亚当·斯密所提出的著名的从猎人到牧民、农民，再到产业工人的经济发展图式为例，将19世纪的家庭形态、统治形式、语言、宗教等所有内容都放至发展图式上进行讨论。赫尔德和克莱姆的文化观也鲜明地持这种观点。

在上文所引用的克莱姆的文章中，可以看出他比赫尔德更加明确地强调了这种民族间文化的差异，但同时也需要记住的是，克莱姆是以解释人类整体文化发展阶段为写作着眼点的。

七、泰勒的"文化"定义

对由赫尔德开创，克莱姆定型的文化观首次给予明确定义的是被称为英国人类学始祖的爱德华·泰勒（Edward Burnett Tylor）。从泰勒留下的资料来看，可以肯定他读过克莱姆的著述。19世纪60年代之前他还比较多地使用着"文明"这一词（前书：14）。但在1871年出版《原始文化》一书时，泰勒不仅将"文化"一词作为标题使用，还在开头中使用了如下的"文化"定义：

> 文化或者文明，是人作为社会成员的一员而获得的知识、信仰、艺术与技术、法律、道德以及其他，包含所有能力和习惯的复杂的总体。（前书：81）

这个泰勒从克莱姆用法含义中整理、归纳出的定义，日后成为文化人类学的出发点。

然而据克罗勃与克拉克洪所言，早于泰勒的《原始文化》两年出版的批评家马修·阿诺德（Matthew Aronld）所著的《文化与无政府状态》（1869年）才是英国"文化"一词变得流行的原因。阿诺德所说的文化是指单个人追求完美的行为，简而言之就是"教养"。这种说法吸收了启蒙主义的思想，有着浓郁的人文主义色彩。之后英语圈中的"文化"一词以这种意义来使用的情形很多。克罗勃与克拉克洪所举出的例子有《教育百科全书》（1911年）负责"文化"条目编纂的哲学家、教育家约翰·杜威（John Dewey）提出的"文化是了解评价社会价值与目的的心理活动"的定义；哲学家加西勒（Ernst Cassirer）、奥尔特加·依·加塞（José Ortegay Gasset）人文主义式的表达方法；诗人批评家艾略特（Thomas Stearns Eliot）所介于泰勒与阿诺德定义之间模糊不定的谈话内容等（关于英国文化概念的发展留待本书第4章进行详细叙述）。

这样仅就英国而言，即使在泰勒的《原始文化》出版之后，"文化"一词还在相当长一段时间主要被作为"教养"来使用。泰勒的定义最早被收入英语辞典是在1929年正式出版的《韦伯斯特新国际辞典》。而就像本书第6章所讲的那样，20世纪文化概念的再次得到发展不是在英国而是在美国。

八、克罗勃与克拉克洪的《文化》与人类学的文化概念

20世纪中期，美国的文化人类学家代表在追溯"文化"概念发展历程的著作中提出了将"文化"作为核心概念的文化人类学家的职责，并指出"文化"概念之所以重

要，是因为有美国政治、社会状况这两方面的原因。关于美国政治和社会状况的内容将在本书第 6 章进行详细叙述，而关于前者文化人类学家的职责，西川长夫则做了如下点评：

> 克罗勃与克拉克洪的概述中鲜明地展现出了人类学家观察的优缺点。他们的目的是追溯泰勒之前与泰勒之后的文化概念的现代人类学历程，并将重点放在了两阶段间起着纽带作用的克莱姆文化概念的分析上。人类学在泰勒之后，特别是传到美国后获得相对主义观点。在回顾之前的人类学时，18 世纪时已与启蒙主义明确断绝关系的文化概念内涵似乎又重新点燃了人们的兴趣，这一点显得饶有趣味。另外 19 世纪后半叶的文化概念与背后的民族主义（Nationalism）以及整合国民的狂躁摒弃了联系，只是吸收提取了一些从中析出的纯净透明的内容。（西川 2001：209—210）

人类学的文化概念的特色之一是将国家意识理念部分

的文化概念从国家的框架体系中剥离。这也是人类学作为科学成立的必要程序，但反之带来的另一个结果是，文化概念对所包含的国家意识形态方面的内容反应迟钝。

泰勒定义的主语是"文化或文明"，但他并没有明确表示两者的区别。而且泰勒定义的内容被收入辞典的时间非常晚，相比之下阿诺德的"教养"的含义在英国显得更加普遍，这一点克罗勃与克拉克洪也不得不承认。与德国将文化与文明对立的用法相比，泰勒定义具有更多的包容性。克莱姆的发展阶段论的框架也被去掉，甚至让人觉得泰勒定义只是为人类文化设置了一个大致框架。就像西川所述的那样，克罗勃与克拉克洪将泰勒定义的文化概念置于重要位置的整理方式，与20世纪中期美国人类学立场似乎有些过于接近。

19世纪前半期在德语圈中发生的文化概念的含义变换，其意义不仅限于为后来文化人类学的文化概念提供了内容，提供的内容更像是其带来的副产品。德意志的文化观带来的更重要、广泛的影响是引发了19世纪以后的社会变动。像西川所述的那样，文化概念在国家意识理念方面有着独到的解释，这种解释的着力点与克罗勃、克拉克洪从文化人类学的角度论述的文化概念的要点又有不同，即以概念对抗的形式来定位概念。作为其发生背景的德国文化观以及德国的社会状况正是下一章将要着重探讨的内容。

第二章　德国的"文化"VS法国的"文明"

一、诺贝德·艾利亚斯的《文明化的过程》[①]

克罗勃与克拉克洪展示的文化概念变化图式虽然指出了 19 世纪前半期在德语圈中文化概念发生了重要的变化，但其究竟为什么发生、如何发生，却像是故意回避一样隐去不提，而直接引出了泰勒的定义。这个时期的德国思想界在康德对启蒙主义进行批判式继承之后，出现了一股回

---

① 英文版及英译名为 *The Civilizing Process,* Vol.I. The History of Manners (Oxford: Blackwell, 1969)，*The Civilizing Process*, Vol.II. State Formation and Civilization (Oxford: Blackwell, 1982)。后英文改订版及英译名为 *The Civilizing Process: Sociogenetic and Psychogenetic Investigations*［Oxford: Basil Blackwell, 2000 (Revised edition of 1994)］，现有中文版本《文明的进程》，生活·读书·新知三联书店 1998 年版，译者王佩莉。——译者注

顾历史的浪漫主义思潮。由此开始的近代思想史重要事件陆续登场，其中有黑格尔历史哲学的构思以及紧接着出现的马克思主义。但克洛勃和克拉克洪只记述了这个时期文化热潮的衰退。为了探寻18世纪启蒙主义文化概念至19世纪的德国文化概念这一转换过程，必须重新检视一下德国当时所处的境况。

文化史学家诺贝德·艾利亚斯（Norbert Elias）所著的《文明化的过程》（1939年初版）是一本描写欧洲近代化（包括德国），以及近代国家形成过程的研究。如其副标题"欧洲上层社会风俗的变迁"所展现的那样，是探寻"欧洲意味的典型文明人的行为方式"通过什么样的过程而形成的文明史研究。日语标题中的"文明化"是德语zivilisation的译名，相比起"文明"这种名词的形式，"文明化"这种包含动词意思的译法更能展现该书内容中记载的探索过程。让人想起这个概念被从拉丁语引入法语时就是动词先于名词的。该书的第1卷以"'文明化'与'文化'概念的社会形成"为题，对法语的"civilisation"和德语中的"kultur"的含义形成的社会背景来做概述。在此首先以这两个词形成的社会背景为基础，来追溯德国文化概念产生的背景。

二、"文明化"与"文化"概念

艾利亚斯在该书的开头给"文明化"概念这样定性。

> 这个概念流露着欧洲的自我意识……最近二三百年的欧洲社会把他们认为比从前社会，以及现代"更原始"社会先进的部分全部整理到了一起。（Elias 1977：68—69）

但在这个意义上，英语、法语与德语有着很大的不同。

> （在英语、法语中）自己国民对于欧洲与人类的进步具有的责任感和荣誉感的完整显现。……（在德语中）只是意味着人的外部、表面存在的泛泛且空洞的内容。（前书：69）

德国的"文明化"概念只是表面的、二流价值的原因我们将在下一章进行论述。与"文明化"概念相比，德国将更重要的价值内涵放在了"文化"上。

> 法语与英语的"文明化"概念可以说是与政治或者经济、宗教或者技术、道德或者社会事实高度相关。而德语中的"文化"概念的核心则在于精神、艺术、宗教，从而以这些内容为基础的事实与政治的、经济的、社会的事实间似乎有着难以打开的坚固隔阂。……"文化"(kultur)概念最为德国的意思，通过其派生词"文化的"(kulturell)这一形容词形式表现得淋漓尽致。这个形容词展现的不是人的存在价值，而表现的是人类特定产品的价值与性格。（前书：69—70）

两种概念不只是关系领域不同，发展方向也有差异。

> "文明化"表示的是一个过程，或者至少是一个过程的结果。这与不停变动的东西，不停"向前发展"的内容相关联。德语中现在所用的"文化"概念

与此种活动方式不同。像"田野的花朵"一样，人类已有的产物、展现一个民族特性的艺术作品、书籍，这些与宗教或者哲学体系相关的内容，只能用"文化"概念来表述。

文明化的概念一定程度上弱化了民族国家间的差异。……

而与此相反，"文化"这一德语的概念，特别强调国民的差异、群体的特殊性……文化这一概念，通过反复自问"到底我们的特性是什么"的国民自我意识、经常重新完善政治、精神意义上的国家边界，来展现整合后的国民自我意识。（前书：70—71）

这样"文明化"与"文化"被鲜明地区分开来，相对于"文化"而言，文明化只是二流价值观的信念根深蒂固地渗透在德国人的思想之中。不用说这正是"相对于自认为是'文明化'旗手的西方诸国（即法国、英国）而言，德国的自我表现"。（前书：73）

据艾利亚斯所述，这种对立式的命题在18世纪后半叶康德的书籍中已经可以看到。康德在1784年出版的《世界公民理念下的普遍历史观》①一书中写下如下的内容：

> 我们现在通过技术与科学达成了高度的文化。我们还在社会诸般礼仪、优雅的社会风气等烦琐的方面实现了"文明化"。但是从我们被道德教化的程度来看，这还是远远不够的。因为文化要具备更多道德性的理念。虽说荣誉感和表面的礼仪等也被看作是道德范畴的内容，适用于这个理念，但也就只是所谓的"文明化"吧。（Kant 1974：41）

引文在此表达的是之前已有的虚伪、表面的"礼仪"与真正的"美德"两个对立的命题。康德将其放至世界公民的格局中，但还没有采取与他国对抗的态势。（当时德国这个国家尚未成立。）康德心头在意的是，当时德语圈中"主要讲法语、学习法国规范'被文明化'的宫廷贵族为一方，与另一方讲德语的中产阶级知识阶层呈对立之势"。

---

① 德文原名 *Idee zu einer allgemeinen Geschichte in weltbürgerlicher Absicht*，英译名为 *Idea for a Universal History with a Cosmopolitan Purpose*（1784）。——译者注

(Elias 1977：76)但这又是如何演进成为国家对抗概念的呢，艾利亚斯接着在下文进行了描述。

三、从阶层对立至国民对立

1648年《威斯特伐利亚和约》终结了三十年战争，神圣罗马帝国有名无实，德语圈分裂成为300多个城邦，采用专制主义体制进行着统治。对外贸易衰落致使大商人资产萎缩，只留下视野狭窄的小市民阶层。接着"只要是稍具规模的宫廷，到处都在笨拙地模仿着路易十四的王室，用法语来进行会话。德语只是中下层阶层的语言，呆拙死板"（前书：80）。贵族以血统为屏将自己与中产市民阶层隔离，市民阶层通过积累财富成为贵族的道路被封死。这种状况一直持续到18世纪前半叶。

18世纪后半叶城邦国家进入开明专制阶段，普鲁士、奥地利等大国实力增强。在这种情形下，认为宫廷是高尚的，中下层阶层是粗野的，这种认知状况也在慢慢改变。"美德与教养使得中产阶层的自信心显著地增强，对宫廷表现出的外部、表面举止的攻击更为明确。"（前书：

77)"首先是学者,各种各样的'御用文人'在一定的精神领域范围内创造出了德语内容基础的范式,至少是在精神领域试图将政治领域还难以实现统一的德意志统一起来。"(前书:81—82)拥护康德、赫尔德,还有文学家歌德(Goethe)、席勒(Schiller)这些学者的中产知识阶层,在不算宽广的德语圈里拥有读者群。这些学者将德语发展为丰富活泼的语言,并注入了缜密的思考。这些中产知识阶层因为政治、经济方面上升的通道被堵塞,"他们的自我意识,他们以荣誉感为基础的东西在于……德语的'纯粹精神品'为名的内容中,书籍中,学问、宗教、艺术、哲学中,更重要是在于以书籍为媒介的个人'修养'的充实,即人格之中"(前书:102—103)。

德语圈在法国大革命后屈从于拿破仑统治之下,被重新整合成40多个国家,在拿破仑兵败后又出现了建立统一国家的苗头。其中用"'文明化'及类似概念表示德意志的宫廷贵族阶层的情况明显越来越少,法国大革命之后,这种内容被越来越多地表示为法国的或者别的西方国家的内容"(前书:107)。这里所说的"西方国家",正是法国、英国等文明化的先驱国。

在此将以上内容做一总结。18世纪之前的德语圈阶层社会的情况是通过对抗"文明化"而产生"文化"这一结构。19世纪前半期，特别是受法国大革命的影响，性质转变成为法国与德国这一国家对抗的态势。艾利亚斯在19世纪60年代后半期准备为《文明的进程》英文版撰写论文《关于民族主义（Nationalism）》时，就这种结构图式及其带来的变化发表了如下内容：

> 感情的重点由未来向过去与现在转移，进步的信念向具有永恒不变价值的国家特性和传统的信念转变，与此相关联，19世纪至20世纪初大部分欧洲国家中产阶层知识分子思潮的变化也停留在我将要说明的这个概念的框架之中。与这种大范围的变化相随的是"文明"与"文化"概念的过程以及进步发展的部分被人为地删去，"文明"与"文化"成为一个意味亘古不变的概念。过去将梦想寄托于未来的人们从普遍的人文主义道德价值，以及与人类进步有关的自尊心与自豪感中得到满足；而现在作为"我们"的形象象征而发挥作用的"文明"和"文化"概念，是从

祖先的业绩、永恒不变的遗产、国民的传统中使得自尊心得以满足，并由此成为"我们"群体的形象象征。（Elias 1996：160）

艾利亚斯"将要说明的概念"就是最终成为论文标题的民族主义。19世纪前半期德语圈中的人们在这民族主义的旋涡中与标榜文明化的法国压力进行抗争，从而对文化概念赋予独特意味的同时，也使得国家向统一的方向迈进。

四、德国国家的形成与民族主义

那么在19世纪前半期的德国究竟发生了什么呢？德国历史学家奥托·丹（Otto Dann）在《德意志国民与民族主义》为题的著述中，这样来描写这一时期开展的德国国家统一运动。据其内容所述，到18世纪后半期为止，以赫尔德等人为中心，发起了以语言、文学、历史运动来影响民族的国民意识觉醒的，类似"德意志运动"的运动。但像艾利亚斯所说的那样，这仍然没有引发政治运动。直到德意志各诸侯的领地被拿破仑占领，才使得政治运动高涨起来。

德国的启蒙知识分子最初狂热地支持法国大革命，但这种狂热随着新生的法兰西共和国对德意志各邦国宣战，恐怖政治的实行而烟消云散了。紧接着拿破仑军队进驻，德意志各邦国中出现了超越各领地界限的、广泛的反拿破仑国民运动。这不单单是抵抗运动，更是启蒙知识分子与上层军人裹挟平民，说服领主贵族层而发起的伴随着军制改革与教育改革的国民运动的起始点。"这个时代精神已经不再具有启蒙主义色彩，激烈变革之后，传统、语言、宗教的意义被重新审视，重视历史与自然赋予单个人、单个民族固有权利的潮流成为时代精神的主流。"（Dann 1999：52）最终在1813年的解放战争中，德意志诸邦国脱离了拿破仑的统治。奥托·丹这样介绍宣告解放的《卡利什盟约》中所颂扬的内容，"德意志民族（volk）的固有精神"创造着德意志的未来，"完全由德意志的君王和国民（volker）决定"（前书：47，但译文最初的"国民"在此变为"民族"）。

但这一运动并没有完全消除邦国之间的差距，国内问题也没能得到解决，解放运动后德意志诸邦国又重新回到领主掌控政治主导权的反动体制之下。直到工业化、农村人口大量流入城市，引发1848年的市民革命，之后经过德意志联邦重组、普法战争等，才最终迎来1871年的德意志帝国成立。

另外从先前艾利亚斯的引文部分也能看到这种倾向，丹对利用"民族主义"煽动对外国人、外民族的憎恨意图，强调本民族的优秀性，从被帝国主义、殖民占领发展至法西斯主义的政治行动模式持否定态度。从这个意义上说，德意志帝国成立时的德意志国民运动虽然包含着民族主义的因素，但还未真正达到民族主义阶段。纳粹德国由此处德意志国民运动滋生而来，这种德国学者的诚恳反思确有一定道理，但与下一章探讨的盎格鲁—萨克森作者的民族主义论相比，这种观点又显得非常具有局限性。但是德国文化观里或许包含着法西斯主义萌芽这一点，却是必须留心的。

五、19世纪前半期的德国思想界

德国社会在经历拿破仑统治到近代国家形成这一动荡的过程时，德国思想界又发生着什么样的变化呢？这个时期正好是从康德至费希特（Fichte）、谢林（Schelling）再至黑格尔（Hegel）的德意志观念论的完成期。据克罗勃与克拉克洪评述，这个时期对文化的关心热潮衰退，那么什么成为他们关心的内容了呢？

生松敬三的《社会思想的历史》是从洛克、卢梭至康德、黑格尔再至马克思，接着再到韦伯、弗洛伊德（Sigmund Freud）的近代思想的传承谱系，特别是从公民社会论的观点来进行的考证。其中概括了康德至黑格尔德意志观念论的发展历程。

康德的《世界公民视角下的普遍历史观》中的公民社会论继承了洛克与卢梭的社会契约论，以批判的理性为出发点，设想以意念自由为基础的自律市民来构筑市民体系，以此来建立理想的国家，基本上是启蒙主义框架内的内容。（生松2002：22）

然而目睹到法国革命的暴行，德意志思想家中萌生了对理性的怀疑，从而产生强调历史与传统重要性的浪漫主义。哲学家谢林注重用"自我"来代替"非我"，将精神与自然对置，相比理性的反省更注重非理性的直观，他思考用一种有机体式的鲜活的自然和国家来取代机械论的自然。政治学家亚当·穆勒（Adam Heinrich von Müller）说道：

"应该将扩大到世界公民状态的公民社会与具有明确界限的单个有机体国家区分开来，国家的发展是由其内部萌生物自然成长而来的，这些正是过去展现的理念的延伸。"（前书：32—35）

据生松介绍，完成对这种浪漫主义的国家观念从逻辑上再次进行把握和重新构建的是黑格尔。黑格尔认为人性的意志或自由是通过人的外在属性与内在属性两部分最终达成的，由家庭，经过公民社会，最终在国家处完成，从而继承了将公民社会与国家区别开来的国家有机体论。但那是以自我为理想，以具体的理性力量为支撑的国家。（前书：40、47）接着黑格尔将历史阐述为辩证式发展的、普世精神的发展历程。具体是从东方的集权专制政治，经过希腊、罗马的共和制到日耳曼的君主制，紧接着在日耳曼民族受到基督教影响后，"才具备这样一种意识状态：人具有作为人的自由，精神自由是人的价值核心"（前书：56—57）。

这样法国大革命的冲击使得德国从启蒙思想中解脱，并产生有机体的国家观念。黑格尔将其整合成系统的历史哲学，这种图式深深地暗含着日耳曼民族优秀性是世界精神体系中不可缺少的内容。而这些与我们接下来看到的法国文明概念中的法国人自负的民族中心主义思想正好相互对立在一起。而这种民族中心主义思想作为民族主义抵抗运动以及支持国家建设的理论根据而为德国思想界所接受。

在这之中确实提到文化概念的内容很少，但文化概念通过对国家有机体的解构和民族间不同历史传统的兴趣理解给德意志文化概念的塑造或形成赋予了内容。结果是认同启蒙带来人类进步这一基础的文明概念大前提之下，"文化概念"表现为与政治经济衔接紧密的社交、礼仪的行为优雅的外部文明体系不同，即成为以哲学思想、艺术作品为手段来展现内部精神活动的概念。另外日耳曼民族邦国离散，尚未形成统一国家的状态使得可以不考虑政治经济，而能够专心于自由发展精神活动。这种精神活动开展的结果是在文化领域能够树立起不亚于法国和英国的心理优势，这种自尊、自豪感的心路历程贯穿于德意志文化观形成的始终。

六、法国"文明化"概念的形成与发展

我们看看德国的竞争者法国的状况吧。法国以"文明化"的旗手自居，是世界近代化的推动者。艾利亚斯不仅

对德国的文化概念，也对法国的"文明化"概念的形成与发展做了大致的叙述。和德国的情况不同，法国的知识分子阶层与中层阶级上层人士在较早的时期就被列入宫廷社会的圈子，结果是"宫廷市民阶层与宫廷贵族阶层都使用同一种语言，读同样的书籍，在一定阶段遵循着同样的礼仪规范……惯用的文体，社交形式，情感模式化，对礼仪的尊重，良好的遣词造句的重要性，词语的发音清晰等各种各样的内容，首先在法国宫廷社会内部确立，随后范围逐渐扩大，原有阶层的社会性格逐渐成为国民性格"（Elias 1977：15）。这其中"文明化"概念所起的作用是"欧洲的上层阶层表现为自己相对其他人具备单纯、质朴的品质的自我意识，同时上流社会中习惯性地认为这种单纯质朴感不是普通人具备的，而是只有他们自己才具备的特殊习性"（前书：119）。

与此同时在启蒙主义的理念之中也包含着以理性指导社会改革的意图。对于当时已经进入上层社会的中产阶级知识分子们来说，下层的人们还没有完全实现文明化，政治体制方面也亟须改革，从而"文明化"成为全体国民的课题。

第二章　德国的"文化"VS 法国的"文明"

法国经过大革命的大胆政治变革之后，可以说已经达成了国内文明化这一目标，接下来"感到我们是真正的、已有的或者已经实现文明化的对外传播者，向外的文明化旗手"（前书：135）。"文明化"概念开始成为宣传法国扩张政策与殖民政策正当性的口号。从而有了之前看到的德国以文化概念为盾的对抗态势的产生。

追寻"文明化"概念变化过程的西川长夫，从革命时期孔多塞（Condorcet）的《与人类精神进步有关的历史展望概述》中介绍了如下的文章：

> 关于人类未来的状态，我们将其归纳为重要的三点：打破各国民之间的不平等，推进同一民族内的平等，最后才是人的真正的完善。到什么时候所有的国民能像法国人和英美人那样，更加开明，更加自由，更加消除偏见，达到民族所能达到的文明状态（l'état de civilisation）呢？从属于君主的各个国民的隶属状态、非洲大陆土著人的野蛮、原始人的无知，这种将民族互相隔开的漫长距离，会一点一点消失吧……（西川 2001：194）

再据西川所述，拿破仑远征埃及时以这样的内容为公告："士兵们啊，你们将要进行的是将给世界的文明与贸易带来无法衡量影响的远征……"他在弥留之际给儿子托付了这样的使命："各君主给各国民带来变革。消灭封建制的形迹，确保人的尊严，将几个世纪以来孕育着的、使繁荣的萌芽得以发展的各项制度树立在每一个能达到的地方。将今天只是少数人拥有的东西赋予广大的普通人。将他们召集在与欧洲不可分割的联邦制度的联系之下。将基督教和文明的恩惠传播到今天还处在野蛮、原始的世界的所有地方吧！"（前书：195—196）

将自由主义与国民主义捻合在一起，使得文明概念更加明确化的手法在基佐（Guizot）的《欧洲文明史》（1828年）中也能看到。基佐承认欧洲文明是由在英国、意大利等多地发展的要素组合而来，它们互相之间的矛盾摩擦产生自由这一欧洲文明的特点。他指出文明最终在发生大革命这样的大事件的法国获得了它的普遍性。（前书：199—203）它从而成为支持法国扩张政策的理论依据。

法国的扩张政策以及打着文明化旗帜的扩张主义以帝

国主义和殖民占领为手段，成为把世界卷入近代化的原始动力。在这一点上，与法国对抗而发端的德国民族主义影响其他落后国家的方式，也与世界近代国家的成立轨迹正好相随（也许还应该加上社会主义革命的传播）。两者在 20 世纪之际的第二次世界大战中相遇。民族主义的极端——法西斯主义在第二次世界大战中背负着永远无法洗灭的恶名，而文明化带来的扩张主义随着第二次世界大战后对殖民主义与东方主义展开批判，也从根本上遭到了责难。

第三章　民族与民族主义[①]

一、民族主义与国民国家形成

19世纪在德国被赋予特殊意义的文化概念，为德国统一国家的形成起到了重要的作用。但成为撼动欧洲19世纪整个时代的概念，除了德国意味的文化概念之外，还有从民族性、国民性角度获得的"Nation"（国民或民族）的概念。19世纪的欧洲，是近代国家体制的民族国家形成时期，也是以德意志为代表的诸民族从法国大革命及拿破仑战争的影响下竞相成立民族国家的时代。德意志的"文化"概念给这种运动提供了重要的理论指导，而时代的思想潮流

---

① 日文原著中使用外来语ネィション和ナショナリズム分别表示nation与nationalism，按照学术惯例分别译为民族与民族主义。——译者注

是"民族主义"。

19世纪的德国借"民族主义"之势建国的历程已经在上一章看到过了,类似的过程在19世纪欧洲的其他国家,以及进入20世纪后在亚非诸国也能看到。关于使得近代国家成立的重要思想已经有诸多内容,在此特别将与文化相联系着的民族主义做一介绍。

二、民族与民族主义

民族(nation)一词,原意为"出生",只是指依照出生情况的相似性而组成的一群人的集团,源于拉丁语 *natio*,被法语、英语收入其中。然而像接下来要讨论的那样,在欧洲后来的历史发展进程中它被添加了各种各样的含义,成为撼动世界的重要概念。

明治时期"nation"概念被引入日本之时,被译作"国民"和"民族"两个词。在今天日语的语境中这两个词有着不同的含义,这似乎是借用近代以来"nation"一词的多重含义来反映其所寄托的若干内容。日语中的这两个译词使得"nation"在不同的语境下的意思都能够得到较为精确的翻译。但另一方面这两个源于同一个词的译词，两者含义联系在一起才成为了近代的重要概念，这一难点又常常被人在不经意间忘记。

这种以民族概念为基础的政治诉求就是民族主义。民族主义指以一个"nation"（民族）为基础创立国家，然后以成为该国"国民"为目标和诉求的政治运动。在这个框架下，"nation"的"民族"保证了以出生、共同语言、传统的过去纽带为基础的连带感与一体感；"国民"则展示了理想国家的担当者这一未来目标。不论从哪个角度说，这两者总是密切地联系在一起的，这也是"民族主义"这一政治立场的核心所在。对被统治状态的不满，加上"nation"概念这一诱使回溯自己过去历史的"民族"方面的感召力（日语中的"民族"一词即充分表达着这一感召力），激发了从专制王权及别国统治下解放的能量，成为市民革命与成立民族国家的原始动力。

这样直至19世纪末，欧洲各处掀起了成立民族国家的热潮，该结果也基本奠定了今天欧洲的国家版图。这些国家虽然都包含有若干个不同的民族，但却是由同一语言和宗教的主要民族作为国民主体而形成的，展现民族主义这一时代大潮情形的,通常是大规模的民族移动以及与邻国战争相伴随的剧烈运动。

三、民族主义的思想源流

政治学家克窦里(Kedourie)所著《民族主义》(*Nationalism*,1960年初版)探讨了民族概念以及民族主义产生与发展的过程。(Kedourie:2003)在此首先以此为线索来探讨民族主义的思想源流。

克窦里认为,近代的民族概念的确立与法国大革命关系密切。法国大革命以反专制王权体制的形式萌发,同时也对专制王权时代的主流思想启蒙主义给予了打击。启蒙主义的哲学理念是"宇宙由亘古不变的自然法则所支配……人们能依据理性对这一法则大致了解,而且一旦社会顺应法则确立秩序,社会将能获得安宁和幸福"(前书:2)。然而法国大革命主张"如果一个国家的国民不认可自己的社会制度,他们有权利和权力来选择能使他们满意的别的政治制度"(前书:4),从而打破了法国大革命之前的启蒙主义哲学。

这一过程中，民族"nation"这一概念发生了重大变化。民族的意思在中世纪之前是"大于家族，小于氏族与种族的人的集团"（前书：5）。启蒙主义时代则成为"用于表示一定疆域内特定的区域居住，服从同一政府的相当人数的集体名词"（前书：6）。另外还有着在"地方议会、国会、三级会议（法国中世纪以来，由教士、贵族、平民三种身份的代表选举出来的身份制议会）中，能够代表特定的地域，选出该地域的代表，能够争取到这种权利的人的社会集团"（前书：6）。从而伴随着法国大革命，民族具有了这样的意味"生活在共同的法律之下，被同一个立法政府所代表的，同伴们的集合"（前书：7）。

最终意思可以归纳为"如果生活在政府统治下的大多数人已经决定不愿再被该政府所控制，在这种情形下，主权在他们之处。他们可以成立一个新政府，他们自己也可以再形成一个民族（nation）"（前书：7）。这种解释可以质疑当时已存在的所有国家政府的合法性，而这种新的诉求也从法国开始蔓延至整个欧洲。

革命者所提倡的自由、平等、博爱是所有人与生俱来的权利，克窦里认为是康德对其进行了哲学上的考证。康德认为"道德，应从我们自身的内心世界里发现……从对普遍性法则的服从而来"。为了使这种服从成为可能，这种道德"必须从具体的支配世界的诸法则中独立出来"。"只有独立才最为严密，才具备超乎寻常的意义，也称之为自由"（前书：14），从而也只有这样的时候"才能够谈论善与恶、道德与正义"（前书：15），"好人是有自律心的人。此外，为了实现他们自己的自律，他们必须是自由的。这样一来自我决定就成为至高程度的政治的善"（前书：23）。克窦里通过这种方式概括了康德哲学中的革命意义。

康德理论中有关个人意识与外界的联系的内容依然模糊，为了超越这个理念，费希特提出了森罗万象的自然与过去、现在、未来的历史中产生"普遍的意识"的概念。他提出了这样一种国家观念，"人的目的是自由，自由是一种自我实现，自我实现完全是普遍意识的一部分"，"从而国家不是为了保卫我们自身每个人利益而攒成的个人集合体。国家高于个人，优先于个人。只有个人与国家一体时，个人才能实现自由"（前书：33）。从而追求的是"内寓精神于其中，人类精神的创造者"（前书：42）的国家。

对于康德与费希特而言，自我实现与能自我投入的国家是通过斗争而取得的。接下来将"多样性"的要素植入的是赫尔德（Herder）。世界是由多种要素调和而成的，"所有的文化，所有的个性，都不仅具有其他无法相比的固有价值，而且对于我们来说，我们还有将这种固有特性发扬光大的义务"。（前书：54）

"这种观点完全颠覆了民族（nation）的观念。对于法国革命家们而言，民族意味着不惧于对自己政府行为直言陈述意愿的大多数人。"与过去相比这种非常异端（赫尔德）理论认为民族是神赋予人类特别性格，是人类天生一部分，公民有义务将这种独特的民族性格作为自己纯洁不可侵犯的东西一直维持下去。（前书：54—55）

从中得出"当各个民族形成他们各自国家之时，即能得到最好的政治秩序"（前书：55）这样一个公式。法国大革命时的民族，指的是与启蒙专制君主对抗的公民社会的担负者，是一种阶级对抗的概念。在阶级对抗概念中加上民族特性要素，从而转换成为民族对抗的概念。

经过这种思想上的发展后民族主义原理被确立。克窦里将民族主义看作一种经过德国1848年革命后，整个思想框架被整理过的一种意识体系。克窦里接着这样总结道：

> 民族主义的教义主张将人类分为不同的固有民族，民族构成主权国家。还主张民族成员通过培育他们自己的民族固有本能，将他们自身融入于大的民族整体之中，从而达到自由与完美的境界。（前书：71）

康德、赫尔德、费希特大约各自相差20岁，克窦里沿着民族概念的思想组合历程，对上述的民族主义思想源流做了分析。译本中介绍康德、费希特的"nation"时使用的译词是"国民"，介绍赫尔德的段落时使用的译词是"民族"。这样使用的原因是在赫尔德式的视野下首先将目光放到了过去（即作者是沿用其中含义内容的变化而进行翻译分类的）。

之所以设想未来在国家中完全保证个人与民族特性，是因为清楚现在无法实现那种状态。那种民族特性是何种东西，只能在不像现在这般压抑的过去中去探求。这样探寻出的民族特性接下来被作为一种追求的目标在未来进行追求。

与这种民族主义的传播相伴，以语言、人种、地域传统、宗教等为机遇追求民族特性的运动开始在各地掀起，以民族主义为旗帜的独立运动、新国家建设运动也随之开展。在向统一国家迈进的德国，有赫尔德们的"德意志运动"、格林（Grimm）兄弟的日耳曼民间故事整理，以及萨维尼（Savigny）等历史法学家的民族法典研究。类似的活动还有芬兰的《卡勒瓦拉》（*Kalevala*）神话收集等，在当时的欧洲各国中能举出无数例子。

克窦里谈到，打破当时欧洲的国际秩序，试图重新划分边界的拿破仑，其战术的一贯手段是用民族主义来号召自己对手治下的人群。

> 1809年（拿破仑）和哈布斯堡皇帝发生冲突之时，他将如下的宣言发表给了匈牙利人："诸位有着自己民族的习惯和语言。诸位有着自己值得自豪的，可以追溯到远古的渊源。所以恢复你们的国民身份吧，只受你们支配，只在你们之间生活，只有国民和

军人，只承认自己遴选的国王……"（前书：93）

就像前一章所提到的那样，虽说文明概念展现的是法国的扩张主义，但拿破仑在战术的运用中却无形中帮助了民族主义的传播。饱含着对未来的期望和对过去回顾的"nation"概念，以"nation"概念为基础的nationalism（民族主义）就是这样席卷世界的。

四、安德森的"想象的共同体"论

扎根于过去的联系，强烈的情感力量支撑的自我认知和连带感是民族主义的推动力所在。美国政治学家安德森（Anderson）在"想象的共同体"中展现了这样令人印象深刻的文字（Anderson：1997）。在此所说的想象指的是探究过去的民族原型转向未来的方式。

安德森认为，"民族"和"民族主义"与其说是一种如"自由主义"或"法西斯主义"式的政治信条，不如说是如"亲属"、"宗教"一般的"文化创造物"（前书：24），里面充满了"被想象"的话语。安德森在《想象的

共同体》①(1983年初版)一书的序章中对民族主义如此定义:

> 国民(nation)就印象而言的话,是心目中描绘的想象的共同体——从而,本来就是受一定限制的,有主权内容(最高意思决定主体)的想象……
>
> 国民……是想象的产物。一个小小的国民与构成国民的大多数同胞不会相识、不会相遇,或者也不能互相交流,然而尽管这样,大多数的人心目中都怀有一个共同晚餐式的印象……
>
> 国民是一定范围内的想象。原因是即便有如拥有10亿活生生的人的最大的国民,能塑造的只是有限的国境,而国境的对面则是别的国民……
>
> 国民是有主权内容的想象。因为国民的概念是在君权神授的金字塔式等级制度下,王朝秩序的正统性被启蒙主义与革命摧毁后才产生的……
>
> 最后,民族被想象为一个共同体,因为尽管在每

---

① 中文版本有《想象的共同体——民族主义的起源与散布》,吴叡人译,上海人民出版社2005年版。——译者注

个民族内部可能存在普遍的不平等与剥削，民族总是被设想为一种平等、深刻的同胞之情。最终，因为这种同胞之情在过去的两个世纪中，驱使数千、数百万的人们甘愿为了民族——这有限范围内的想象力的产物，互相杀戮或是从容赴死。（前书：24—26）

这个定义与先前克窦里所说的内容大致相同，只是换了一种说法。但"被想象的"内容这种设想，却是简明扼要地概括了国民这个概念所拥有的强大情感号召力。

民族主义唤起的情感号召力的象征，"再也没有像无名战士墓碑这样能完美展现现代民族主义文化事物了……这种墓园，虽说没有可以指认的凡人遗骨或者不朽的灵魂，但却弥漫着幽灵般的民族想象力"（前书：32）。

假设如果民族国家确如大家所认识的，是"新的"而且是"历史的"，则在政治上表现为民族国家的"民族"的身影，总是浮现在遥远不复记忆的过去之中，而且更重要的是，也同时延伸到无限的未来之中。这正是民族主义的魔法，将偶然化为命运。（前

书：34）

近代之前将人降生的偶然性归结为宿命的是宗教，或是被赋予一切权利（笃信）以国王为顶峰的王国体制。对宗教的信任消退，宗教不再被人们相信之时，填补这种说明空白的正是民族主义。

关于这种民族主义造就国民国家形成的过程，安德森用一连串的事例来进行说明。首先有18世纪后半期至19世纪初为殖民地独立而战的南北美洲土生白人民族主义，以法国大革命为代表的欧洲近代初期的民众民族主义，德国、日本等追赶该潮流，向国民国家转换的公共民族主义，再有20世纪亚非诸国的殖民地民族主义。

民族国家形成这一世界史上跨时代的事件中，资本主义和启蒙主义起了重要作用。安德森特别强调的是由于出版技术的发明而使得印刷品扩大、普及，从而使各地的俗语（日常用语）定型化，他称其为"出版资本主义"。由于专制主义王朝体制下的君主统治的需要，通过设置行政语言的形式而推动了对俗语的整理和普及，俗语随后成为民族的国家官方语言。随之王国与殖民地行政机构的下级官

第三章　民族与民族主义　63

吏们成为印刷出版物的热心读者。

> （18世纪在欧洲开始绽放的两种想象模式——小说与报纸）给"表现"民族这一想象的共同体的性质提供了技术手段。（前书：50）

在第2章中已经看到，印刷品的普及给18世纪的中产阶级知识分子提供了活动和联络的手段，在美洲殖民地以外的地方也起到了相同的作用。

安德森所举出的帮助民族想象的内容，除出版之外，还有专制王朝体制下官员和殖民地官员攀登仕途，如全国各地的巡回就任（朝拜的旅途）。

> （专制主义王朝体制下的官员），作为5等官员派往A县开始仕途，4等则回到中央。接着3等去B区赴任，再到2等时去C陪都，最后，巡回就任至1等后在首都结束。……
> 在他螺旋上升的道路上，他与同为热切朝圣者的官员同僚们相遇。他们来自从来没有听到过的陌生地

方，是从没有想过会见到的热切朝圣者同僚官员。但是旅途相伴和他们一起的过程中，以及特别是当他们共同使用同一种国家语言时候，连带意识……开始萌生。（前书：100—101）

安德森认为，在18世纪尚没有自己共通文化基础的南美与北美，这种方式给当时殖民地条件下的民族主义的萌芽提供了便利条件。

殖民地的"土著官僚"巡回就任的旅途成为20世纪殖民地民族主义的基础。20世纪之后殖民地行政措施中的人口调查、地图制作、博物馆落成也再次给予殖民地以民族和领土的想象。

这样安德森用"出版资本主义"和"朝拜的旅途"的抽象词语来论述、说明民族是如何成为想象内容的。民族就像命运一样让人接纳，以至于使人具备了至死不渝的情感号召力。

五、盖尔纳的民族主义论

如果说安德森是将关注的焦点放至民族主义强烈的情感号召力的阐明方面，与安德森的著述同一年发表的英国人类学家盖尔纳（Ernest Gellner）所著的《民族与民族主义》[①]一书中则是把关注点放至民族主义的功能方面。盖尔纳后来被邀请在日本学术论坛发表演讲，讲稿也被出版成书（Gellner：1993）。在此以盖尔纳的两本著作为基础来介绍他的观点。

盖尔纳在两本著作的开头部分给民族主义如此简单定义。

> 民族主义首先是一条政治原则，它认为政治的和民族（nation）的单位应该是一致的。（Gellner 2000：1）

---

① 1983年初版。（中文版本有《民族与民族主义》，韩红译，中央编译出版社2002年版。——译者注）"nation"的翻译，该书的日文译本都是将其译为"民族"，或会招来歧义，具体引用时则根据引用内容适当添加一些含义。

> 民族主义……是一种讲述政治单位应该与文化单位相一致的政治理论。(Gellner 1993: 20—21)

而就安德森所强调的情感号召力,盖尔纳做了如此简要总结:

> 民族主义作为一种情绪或者一种运动,可以用这个原则做最恰当的界定。民族主义情绪是这一原则被违反时引起的愤怒感,或者是实现这一原则带来的满足感。民族主义运动,是这种情绪推动的一场运动。民族主义的运动正是由于这种情感迸发而产生的。(Gellner 2000: 1)

但盖尔纳反复强调的是,这种情感并不总是在亢奋之中。地球上有着远远超出现有民族国家数量的民族和语言。但历史上并非所有的民族都能被民族主义鼓动,以成立自己的国家为终极目标的。故此,仅是情感的力量难以说明民族主义及以其为基础的民族国家建设。近代国家的单位,希望民族与文化单位相一致的原因,还有必要以别的理由说明。

1. 当且仅当两个人共享同一种文化，且只有这种情况下他们才同属一个民族（nation）。这种状况下文化的意思是由思想、符号、联系体系、行为与交流方式构成的一种系统。

2. 当且只当两个人相互承认对方属于同一个民族（nation）的情况下，则他们同属一个民族（nation）。换言之，民族（nation）是人的创造物，民族（nation）是基于人的信念、忠诚心、联带感而造出的人工品。（前书：12）

先前所介绍的安德森把论述的焦点放到上面第2部分提到的伙伴意识的情感基础，而盖尔纳则是专门将上述第1种情况的文化共有基础提出来，论述近代国家建设过程中的民族主义功能问题。

盖尔纳的观点是，近代民族国家是以工业社会为基础形成的，故此文化在其中起到的作用与先前在农业社会中的作用有决定性的差异。

> 农业社会中文化的作用是记录人所处的位置。……文化指说话、装饰、进餐等做所有事情的行为方式。这算是一种个人风格。从而在农业社会中这种行为有所不同是因为文化最主要的功能是表示、确认一个人在自己所属的社会中的位置,而且主要的功能是维持这种位置。(Gellner 1993:20)

> (工业社会中)文化不再成为社会地位的指标,而成为作为一个集合来反映社会状态的指标。(前书:22—23)

> 工业社会是流动的社会,故而可以说是平等的。……工业社会是平等的,文化方面也是同质的社会。……文化之所以必须是同质的,其中的一个理由与工业社会中劳动的本质息息相关。……工业社会是历史上最初开始实践……普遍的……读写能力的社会。……结果是作为一种给社会润色的内容,高水平文化,即掌握与读写能力联系在一起的学校传播文化就成为必要的了。(前书:24—25)

这样盖尔纳所指出的工业社会中重要的文化共通性与世世代代无意识传递的文化人类学意义的文化有所不同，而是指通过国家提供的教育以培养读写能力基础的"高水平文化"。这里的语言正是先前所介绍的安德森所所说的在王国领域范围内公式化的"俗语"。盖尔纳很好地解释了工业化后近代国家体系中文化的功用，但对文化之于人的情感号召力却是一笔带过。

盖尔纳的民族主义论与先前介绍的克窦里与安德森的民族主义论相比，可以说是从民族主义狂热中清醒后的理论。这种强调文化功能的观点继承了英国文化人类学的传统，另外对工业社会特点的关注，也很好地传达了下一章将要讲述的英国文化观的特征。

六、从民族主义到民族分离主义

本章所提到的民族主义理论中，克窦里的文章主要探究的是民族主义的思想基础，安德森和盖尔纳的理论主要关注的则是民族主义与文化的关系。民族主义论除此之外还有各式各样的论调。重视与近代之前的民族共同体联系的英国历史学家安东尼·史密斯（Anthony Smith）的学说（Smith 1999, 2007）与从自由主义的立场探讨的政治学家威尔·金里卡（Will Kymlicka）的学说（Kymlicka 1998）等一起，被认为是现代有代表性的民族主义论作。这种民族主义的论争近年仍然在激烈地进行。

民族主义在第二次世界大战后的亚非诸国的独立、近代国家建设方面似乎起到了一些作用。但在国家成立之后，接着其中民族出身差异与文化差异显然又成为内乱和分裂独立的导火索。这种动乱被称之为"民族分离主义"（Ethno-Nationalism）。民族分离主义与第8章讨论的多民族问题联结在一起，成为现代世界必须面对的重要课题。近年来一直活跃着的民族主义论争反映着20世纪后半期的世界情形：以文化概念为其基础之一而成立的近代国家虽驯服了文化却又饱受文化纠缠之苦。

第四章　英国的文化概念

一、英国与工业革命

完成工业革命后的英国与大革命后的法国一起,成为引领世界潮流的近代化旗手。如果把法国大革命看作是与中世纪身份制度相诀别的事件的话,工业革命则的的确确记录着农业社会向工业社会的转换过程。法国在大革命之前就以"文明"的旗手自居,完成近代体制的政治革命后,更是进一步增强了这种意识,这些已在第 2 章有过叙述。那么在首先开始工业革命的英国,它引以为荣的地方与问题又体现在何处呢?

英国通过国内的工业革命和海外的殖民地经营两方面创造出的经济实力,使其在 18 世纪末至 20 世纪中期的第二次世界大战之间成为世界上最强大的国家。与法国大革命体现的政治理念、拿破仑近代法的建立给近代法国家提供的典范相比较，英国的统治方式对近代化的影响更像是特别具有实践性的成果。然而伴随着工业革命的急速发展，英国也成为最早面对近代化带来的社会问题的国家。

在面对这些问题的过程中，英国"文化"一词中所寄托的意义与法国的"文明"、德国的"文化"的含义又有不同。它和18世纪的"礼仪、礼节"，以及19世纪德国的"精神领域的成就"不同，似乎更能总结成为"教养"这样的含义。"教养"也最终成为构成我们今天"文化"一词含义的最基本的要素。本章着重追溯探讨的是18世纪末至19世纪中期，英国在何种社会情形下给"文化"一词注入了什么样的含义。

二、双重革命时代的英国

从英国工业革命和法国大革命爆发的18世纪80年代开始，到德国等欧洲各地爆发市民革命的1848年为止，整个欧洲迎来了从中世纪体制向近代体制更迭的大转折期。研究那个时代的英国历史学家霍布斯鲍姆（E.J. Hobsbawm）写下了《市民革命与工业革命》（1962年初版）一书。像书的题目所展示的那样，它以"双重革命的时代"作为副标题，是围绕法国和英国的两次革命给予该时代的欧洲以及后来的世界影响而撰写的概述书。下面就以该书为基础，对该时代发生的社会变化做一概览。

霍布斯鲍姆认为，18世纪末的世界是农业社会，农业人口占绝对多数。英国之所以首先发生工业革命是因为它已经具备自发式成长腾飞的条件。这些要素包括积极保护私人利益，大力发展经济的政府，土地私有化，富有商业精神的地主推进农业经济市场化，覆盖农村的家庭经营制造业，海外殖民地市场的垄断等。这种腾飞从瓦特发明蒸汽机的1780年开始，以致"人类历史上第一次为生产力的发展除去枷锁，从那之后直到今天，人、财物、劳力不断地，高速地，无止境地增长成为可能"（Hobsbawm 1968：43—44）。

法国大革命和拿破仑时代带来了欧洲大陆政治变革的风暴，但这种风暴不仅未能波及英国，反而使得英国趁欧洲大陆经济停滞之际，通过棉纺织品等国际贸易为自己树立了绝对优势。拿破仑败退后,旧体制的欧洲各国也试行国家工业化来追赶英国的步伐。英国国内的产业经济遭受到一次次冲击之后,积蓄的资本转而大量投入到铁路建设上。受到刺激的钢铁业和矿业随之扩大规模,率先实现了19世纪后半期才扩展到整个欧洲的真正的工业社会化。

这期间由于农业技术改进获得的农产量提高支撑了人口增长,农村剩余人口成为工人的主要来源渠道。工业化早期相对简单的技术和少量有限的资本就能创业获利,成功企业家获得了与拥有坚实财富的贵族相媲美的财富和荣誉。没能抓住机会的人与被机器夺去工作的手工业者们一起堕入了工人阶层。从而在英国社会中,富裕的贵族、商人,成功的企业家与贫穷的农业工人和工厂工人形成了两个极端,而且伴随着工业化的进展贫富差距也在逐渐扩大。

为了增加利润而压低工人工资造就的贫困问题是工业社会中福利问题的由来所在。本身也是企业家的罗伯特·欧文发起的合作社运动就是对解决该问题的尝试。大规模破坏机器的破坏机器运动是失去工作的纺织工人对工业化的反抗,而要求普通选举权的英国宪章运动可以说是最早的有组织的工人运动。除此之外,作为劳工的农村剩余人口流到城市，卫生环境恶劣的贫民窟、雾霭公害等城市问题也都开始出现。工业经济繁荣的英国对受到拿破仑战争影响，经常性的歉收、经济停滞不前的欧洲各国一直持鄙视态度，然而在英国国内看到的却是上述情形。这些社会问题正是工业革命所带来社会变化的最早表现。

三、雷蒙德·威廉斯的《文化与社会》

关于英国文化概念的含义变化，雷蒙德·威廉斯（Raymond Henry Williams）对由文艺批评而发起的社会思想研究进行了进一步深入的探讨。他的第一本著作《文化与社会》[①]（1958年初版）以18世纪末至20世纪中期的英国文学家、文艺批评家、社会思想家的著作为素材，将其中有关文化与社会的思考与当时的社会文化现象联系在一起进行了分析考察。

在探讨文化概念的变化之前，威廉斯首先在其序言里以概览的形式展示了文化及相关的各种概念从18世纪末至

---

① 中文版本有《文化与社会》，吴松江、张文定译，北京大学出版社1991年版。——译者注

20世纪中期的含义变化。

> 在18世纪后半叶至19世纪前半叶,今天许多非常重要的词汇在英语中第一次成为大众词汇,此外英语中已经一般化了的一些词汇也被添加了新的重要含义。……
>
> ……这个重要的时代中这些词汇上发生的用意变化与我们共同的生活相关——我们的社会的、政治的、经济的各项制度,这些制度希望展示的各种目的,以及这些制度与我们知识、教育、艺术活动的各种目的之关系,从而证明我们特有的思维习惯在发生全面的变化。(Williams 1968:1)

作为这些词汇中特别重要的用例,威廉斯列举了industry、democracy、class、art、culture五个词来展示意义变化的梗概。

industry在工业革命之前表达的是"熟练、刻苦、坚毅、勤奋"的人的特性,18世纪的后几十年间内成为表示制造业以及各种生产制度,还有各种一般性活动的综合词。

第四章　英国的文化概念　77

随后19世纪中表示"产业的、工业的"的形容词industrial与19世纪30年代"工业主义"（industrialism）等词语出现。另外19世纪20年代在法国首先开始使用的"工业革命"一词后来也被英国所接受。

democracy自希腊以来就一直是表示"由人民治理"的名词，美国独立运动和法国大革命开始才成为英语常用词。但在18世纪末至19世纪初，作为派生词的democrat通常兼指具有危险破坏性的暴民煽动家，democracy也夹杂有"令人憎恶的雅各宾主义、恐怖统治"的不好含义。

class的近代含义的产生要追溯到1740年前后。之前单纯的"学校及大学内的分组、分类"意思的class被增添了"社会阶级"的含义。18世纪末至19世纪初，"下层阶级"（lower classes）、"上等阶级"（higher classes）、"中产阶级"（middle classes）、"劳动者阶级"（working classes）及"上层阶级"（upper classes）等词逐渐出现。另外"阶级偏见"（class prejudice）、"阶级意识"（class consciousness）、"阶级斗争"（class conflict，class war）等词也在19世纪传播开来。这意味着与贵族等中世纪的身份制相比，当时的社会地位更是工业革命带来的近代社会划分。

art 在 18 世纪末意味着"技能"这一人的特性,至 19 世纪初为止成为特定的各种技能,特别是想象的、创造类的各种技能,创造性的真理用大写字母开头的 Art 来表达。与此相关联的"艺术家"(artist)与"手工艺人"(artisan)、"匠人"(craftsman)也随之分离。19 世纪 40 年代 artistic 这一形容词,还有表达对艺术评断标准的"美学"(aesthetics)一词也被创造出来。文学、音乐、绘画、雕刻、演艺等被一并统括,称之为"艺术"(the arts)。"天才"(genius)一词与"才能"(talent)的分化也是在这一时期。

culture 也同样在这个时代发生了很大的变化。

在此之前,该词主要意思为"培养自然的成长",此后类推为人类训练的过程。后面这一种用法,在 18 世纪初期变化为表示物体本身的文化。这个词逐渐附着的含义内容,有以下四个:①与人类追求完美的境界相关联的"精神的一般状态或者习惯";②"整个社会中知识发展的普遍状态";③"各种艺术的普遍状态";④19 世纪后半期才形成的含义"文化是一种物

质、知识与精神构成的整个生活方式"。(前书：4)

在上述四种含义中，第一种是由拉丁语中继承而来，第二种与法国的文明概念含义相当，第三种是19世纪前半期在德国形成的新的含义，第四种与伴随文化人类学发展而扩展的含义相当。

以上内容为文化概念的发展简史，威廉斯着重从18世纪末之后的英语文献着手进行探讨。

四、英国文化概念的准备阶段

在工业革命和法国大革命带来近代这一时代背景下，威廉斯从持批判姿态的先行者们中首先介绍的是18世纪后半叶对法国大革命进行批判的保守政治家埃德蒙·伯克（Edmund Burke），与19世纪初揭示工业革命下英国农村的荒芜状况的记者威廉·科贝特（William Cobbett）的学说。

伯克认为法国大革命那样追求激进变革的民主只会引发暴政，故民选政府必须要慎重，且需要寻求在公民社会中能克制个人情念的内容。接着伯克对公民社会下的国家与国民进行了如下论述：

> 国家与国民（nation）不是一种只有局部范围的观念，也不是个人暂时的聚合，而是一种具有延续性，在时间、数量及空间上扩展的观念。这不是一朝一夕的选择，不是一群人的选择，不是无规律的、轻率的决断，而是经历了好几代才选定的结果。这种比单纯选择优越几万倍的方式造就的组织的优越性经过很长时间才会显露，这些内容包括人民的独特环境、场合、气质、性格，以及他们的道德、文明、社会习性。（前书：17）

这些就是从民族主义中取得的国家观和国民观，但在这里看不到像德国那样针对他国的优越感。威廉斯后来将文章最后部分所陈述的内容称之为"文化"。伯克的基本出发点是"站在18世纪的相对稳定的立场上，对19世纪流动和混乱的最初征兆加以谴责"，威廉斯评价，伯克凭借植根于自身经验的强大洞察力，为"英国精神准备好了向工

第四章　英国的文化概念　81

业主义和自由主义扩张持续攻击的资本"（前书：17）。

另外，科贝特"比伯克年轻，成长于拿破仑战争及战后，目睹了我们今日所说的工业革命的复杂变化给予农村和城市的各种最初的后果"（前书：18）：

> 税收和公债制度，将国民真正的财产征集至少数人手中。那些土地与农业被欺骗作成为投机的对象。这个王国各个地方中的很多农场被整合在一起，使得几乎所有的小农一族都被灭绝。……我们啊，一天天，正在向只有两个阶级，只有主人和卑微的仆人存在的状态前进。（前书：19）

他们认为这样的状况是"反自然"的状态。接着他们以他们记忆的英国为内容发行了便览手册，其中囊括"家庭经济，即啤酒酿造，面包制作，有关奶牛、猪、蜜蜂、母羊、山羊、家禽、兔子的饲养知识，与劳动者的家务窍门等其他相关知识的内容"（前书：20），希望拯救家务劳动和传承的日常技术。这些可以说就是伯克对国民长期成就记录的具体内容。

工人对工业革命也不全是称颂之词。这方面的代表当属合作社运动的创始人罗伯特·欧文（Robert Owen）。他的纺织工场尝试为工人提供福利，他为培养工业社会中应有的道德修养而经营幼儿园。

> 我对那些只为贱买贵卖为能事的合伙人已经完全厌倦了，这种职业败坏而且往往摧毁了我们天性中固有的最美丽的部分，败坏了我们最优秀的能力，或者是不断破坏。……在这种制度下不会有真正的文明。因为所有的人们通过这种制度接受表面下的文明训练，根据所产生的利害冲突的程度去对立，并往往置人于死地而后快。这些在社会现象中的低级、庸俗、愚昧、低劣的行为方式，在被良好品格塑成及财富形成的良好模式取代之前，将不会有长久的、普遍的、实质的改善。（前书：33）

威廉斯如此这般评价欧文的这些话：欧文的功绩在于他不是粗暴地否定工业革命、怀念过去，而是提出树立新道德的目标来应对工业革命带来的社会效应。

五、浪漫主义的诗人们

18世纪末至19世纪前半期诗人们也对自己所生活的社会积极发声。在这一时代,关于艺术、艺术家以及两者在社会中的地位的思考也发生了根本变化。首先在18世纪30年代之后中产阶层的读者群扩大,著作出版也从以前的保护制转向预约出版,然后向全面商业化出版发展。这样19世纪初文艺市场也最终形成。不以追随"公众"市场为荣的诗人群体,开始追求"体现人民的精神",即要有理念、有理想读者,并能超越作家的社会现实生活纷扰这一标准。诗人华兹华斯认为:"对公众,作家希望尽量给他们应得的尊重;对于"人民"——具有哲学特色的人,以及对他们的知识所体现的精神……他本来就应该诚心尊敬。"(前书:38)上述表达的是诗人对以作为近代产物的读者市场来为作品判断评鉴标准的警惕和不满,以及想借此寻求新的判断标准的想法。这与欧文的以对伦理道德的要求来取代工业社会的功利价值标准的观点正好一致,这两者都成为构成英国文化概念内涵的重要内容。"体现人民的精神"来作为判断标准的态度乍看与德国的文化观相类似，但在英国看不到与邻国的对抗意识，另外也不像德国那样追溯过去，而是对正在进行的社会变化要求的标准方面有所不同。

通过这些诗人们的活动，作为"创造真理"手段特殊性的艺术活动得到重视，作为特殊人群的艺术家特性也得到了认可。这些在威廉斯看来，诗人们的抵触不是从单纯的职业出发的，而是"感受到向着工业文明发展的社会在遭受威胁或破坏，强调将人的特定的价值、能力、活力在艺术中展现出来"（前书：40）。这些也给予了英国文化观以重要的影响。

将这种浪漫派的艺术（文化观）以明快的方式表现出来的是19世纪初的诗人、批评家柯勒律治（Samuel Taylor Coleridge）。他从德国观念论与历史哲学中吸收了思想。

> 国民的长久存在……国家的进步性与个人的自由，……依赖于一个持续发展、不断进步的文明。但是，这个文明如果不以教养为基础，不与人类特有的品质和能力同步发展，那么文明本身如果不是一种具

有很大腐化作用的影响力，就只能是增添点略嫌烦琐的福利，添加的不是健康的自然红而是病态的红色。具有这种特征的国民，受这种文明陶冶（cultivation），即只要不是以我们人性特征的诸种特质、诸种能力的融合发展为基础，与其说成是高尚的人民，不如称之为虚伪的人民还贴切一些。（前书：62）

柯勒律治所说的"陶冶"是残留着拉丁语意义的文化概念，以 cultivation 来表达此种含义的做法亦是自柯勒律治而始。这种与"文明"对立的结构可以说是继承了德国的思想，该"文明"不是他国所有，而是英国自身从工业革命中产生而来的。从而有了文明不仅仅只是虚饰，为了通过陶冶来完善人性则一定需要相应的社会制度的想法。对于他提出的以社会的整体陶冶为职责的阶级，他将其称之为知识阶级或是国家教会（national church），柯勒律治把他拟定为国家的第三种身份。

> 国家长期存在的物质基础在于第一种身份（土地所有者）；国家的进步性和个人的自由由于第二种身份

(商业与制造业主)得以保障;而君主则建立起互为依靠的凝聚力和国家统一,第三种身份是前两者的基础和必要的先决条件。(前书:64)

要由极少数的一批人保持人文学科的本源,培养传播原来已拥有的知识,守卫物质与道德科学的利益。这些人同样是这些知识构成成员的指导者。(前书:65)

这样,柯勒律治就将文化放置在工业革命下变化了的社会中,但与工业文明放在一个相对的位置上。

思想家约翰·密尔(John Stuart Mill)将柯勒律治的理论与边沁(Jeremy Bentham)的功利主义哲学思想进行了对比论述。约翰·密尔在1838年与1840年的论文中,开始直接使用"文化"一词,其中有受到德国历史哲学影响的柯勒律治思想的因素。

他们(德意志柯勒律治学派)是最先总揽性地深远探究人类社会产生与发展有关的各种功能性规则的人。……从而他们产生的不是一种党派主张,而是一种社会哲学，而且所采用的是唯一可能成立的社会哲学形式，也就是历史哲学。这不是对特殊伦理或宗教学说的辩护，以人类文化的哲学角度来看，这是过去任何派别的思想家都未曾有过的巨大贡献。（前书：60—61）

这也可以说是对第 2 章看到的德国历史哲学的概括。然而密尔并非像德国哲学家那样将这种文化成就归功于民族精神的发现，而是将原因归结为社会的进步与国民教育。

> 人类文化已经达到非凡的高度，人性也有过高贵的表现，不仅在基督教国家是这样，在古代世界，雅典、斯巴达、罗马也同样如此。不，甚至如日耳曼人那样的原始人，或者如更野蛮的、野性的印第安人，以及中国人、埃及人、阿拉伯人，所有这些人他们都有着他们自己的教育，都有着他们自己的文化。作为文化，无论其总的趋向如何，在某些方面或其他方面都有过成功的地方。每一种形式下的政体，每一种条

件下的社会，不论成就了何种伟业，都曾经形成过各种类型的国家性格。（前书：61）

密尔的这篇文章中对文化的把握方式不仅舍弃了德国文化概念中的自我优越论，甚至几乎让人提前看到第6章的20世纪美国的相对式的文化观。这样密尔通过柯勒律治将德国式的文化观进行思索消化，并试着与英国工业社会中的边沁功利主义相接轨。

六、马修·阿诺德的《文化与无政府状态》

马修·阿诺德的《文化与无政府状态》[①]（*Culture and Anarchy*，1869年初版）接受已经成熟的英国的文化观，并对其进行简洁明快的定义。借用威廉斯的总结，在此所说的"无政府状态"是为"个人意见成为唯一标准带来的精神的无秩序，与……新兴阶级发挥影响力时造就的社会

---

① 中文版本有《文化与无政府状态——政治与社会批评》，韩敏中译，生活·读书·新知三联书店2002年版。——译者注

的无秩序"（前书：97）。在阿诺德面前，两者都是作为由于工业革命带来的弊端而展开的现实。对此阿诺德所提出的"culture"为如下内容：

> 文化就是追求我们的整体完美，追求的手段是通过了解世人在与我们最为有关的一切问题上所曾有过的最好思想和言论，并通过这种知识，将源源不断的新鲜自由的思想输入我们固定的概念与陈旧习惯……（前书：94）
>
> 文化即是对完美的研究，引导我们把真正的人类完美看成一种和谐的完美，使我们人类的所有方面得到发展；而且看成是一种普遍的完美，使我们社会的所有方面得到发展。（前书：95）

阿诺德所说的"culture"显然与日语所说的"教养"含义相近。（事实上本书中culture这部分含义的日语译词一直是用"教养"来处理的。）

阿诺德从这个角度出发，为人类教育制度的确立倾注了心血。然而接下来就此寻找有可能担负起指导作用的阶级时,他却发现贵族阶级(野蛮人)致力于维护现状而限制各种思想的自由活动;中产阶级(市侩)坚信机械(财富、工业、生产、进步)与个人的成功;劳动者阶级(大众)要么同中产阶级一样追求外在文明,只希望尽早变成市侩,不然则是成为单纯颓废的暴民(前书:99)。结果使得阿诺德继承了浪漫派诗人们以及柯勒律治传统的形式,"不是以本阶级的精神,而主要是以普遍的人性精神、完美人性的热爱来引导人民",即把指导任务委托给被称作知识精英的学者、思想家、艺术家(前书:100)。威廉斯评价阿诺德的这种立场十分倾向于精英主义,而当时工人阶级开展的改良式的社会秩序体系改革运动则根本没有进入阿诺德的视野。

七、之后的发展

阿诺德著述出版两年之后,包含文化定义的人类学家泰勒的《原始文化》才得以出版,这已经在第 1 章中陈述过了。然而该定义并未被广泛认同,对文化概念能接受的讨论还主要停留在阿诺德式的含义之中。[①]直到20世纪之前，在英国人类学领域盛行的是人文主义的研究。第一次世界大战后主要以实地调查为基础的实证类研究为主，但焦点还主要停留在解释单纯的社会构造方面，文化并非是英国人类学中的重要分析概念。威廉斯也没有介绍泰勒的文化定义。

阿诺德之后的英国文化与社会的讨论，威廉斯介绍了19世纪中后期艺术、经济评论家约翰·罗斯金（John Ruskin）和诗人、工艺美术家莫里斯（William Morris）的想法和评论。罗斯金和莫里斯认为，当时被认为是高级文化的体现和创造的艺术与艺术家并非游离于一般大众之外，而是在社会当中确立自己位置时倒向了社会主义运动。

威廉斯认为浪漫派诗人们开展的"文化＝艺术＝教养"的说法，在19世纪80年代之后事实上逐渐衰退。接着第一次世界大战之后20世纪新感觉文化观出现。（前书：136）代表论者是托马斯·斯特恩斯·艾略特（Thomas

---

[①] 泰勒将阿诺德的"修养"与德国的"民族精神"这一呼应特定社会状况的感觉抹去，而似乎赋予该词语一种泛人类的含义。这也像第1章中接触到的那样，打开了研究文化的文化人类学这一学科的道路。

Stearns Eliot)。

艾略特的文化论在1948年出版的《文化定义之笔记》(*Notes towards the Definition of Culture*)中有充分体现。该论著在写作方法上，体系和实证内容尚有待完善之处，但在涉及与19世纪文化观的决定性差异的内容方面却颇有几点可取之处。

> （文化的含义）在我们看来，一种是看重个人发展的文化，一种是看重集团或者阶级发展的文化，还有一种是看重整个社会发展的文化（各自都有所不同）。（前书：203）

19世纪英国的文化概念是围绕以艾略特所举的第一和第二种含义展开的，第三种含义则是以泰勒的定义为支撑点，在人类学中得以讨论、普及的。然后从该处引出了如下结论。

> 如果我们能将个人目的设法表示为团体目的，将团体目的设法表示为整个社会的目的，我们将会避免

陷入这种不必要的混乱之中。(前书：203)

艺术家与知识精英的活动与思想是游离于工业社会之外的。他们将只是社会整体文化的一部分，而不是整体的理念形式，提升为全社会应该追求的理念想法只是一厢情愿。这些说明艾略特受到已经开始普及的人类学文化概念的影响，他在批评19世纪的"文化＝艺术＝教养"说法的局限性的同时，也指出不同阶级可能会有不同的文化存在。艾略特的研究也为20世纪后半期文化研究热埋下了重重的伏笔。

八、威廉斯与文化研究

在上文，威廉斯追溯了英国的文化概念形成与发展，他在其所著的《文化与社会》的结论部分，就工业文明化后现代社会中的"大众"概念与大众传媒中的作用进行了探讨，并随后阐明了他自己所认为的理解文化的方法。

那（"工人阶级文化"）不是无产阶级艺术，也不是福利住宅，也并非特殊的语法习惯。("工人阶级文化")倒不如说是基础的共同观念，以及由这种观念引发的习惯、习俗、思维定式、意图。同样资产阶级文化也是由基础的个人主义观念，以及由该观念引发的习惯、习俗、思维定式、意图。我们的文化从大的方面来讲，正是为了记述这两种生活方式之间不断相互作用，或共通或互为基础的两方面领域而存在的。（前书：269）

19世纪的英国，只将教育精英阶层视作文化人的这一观点引起了剧烈的争论。然而社会中教育精英阶层以外的人们并非是欠缺文化，而是与教育精英阶层生成了不同的文化。这是从刚才提到的艾略特的观点进一步引申而来的，可以说是特别细心地观察到工业革命后精英阶层与工人阶层逐渐两极分化的英国社会后才形成的文化观。

在此之后的威廉斯以自己的工人阶级出身为基点来从事现代社会的文化研究。受益于威廉斯的研究，文化研究（Culture Studies）这个崭新的学科在英国诞生了。这一内容将在第9章中进行详细叙述。

这样，英国的文化概念是工业革命产生的企业家、劳动者与贵族及知识分子、艺术家等教育精英层在阶级对抗的情形中被酝酿讨论而来的。这和在与邻国对抗的背景下产生的德国文化概念，以及第 6 章看到的在国内民族对抗情形下产生的美国文化概念有着完全不同的内容。文化这一概念不论何种情形，讲述的都是各自为应对所处的状况而担负重要作用的内容。

第五章 传统的创造

一、"传统"与近代

　　赫尔德在追溯人类多样性发展的历史中,将文化概念重新组合,加以多方利用,不仅为德国式文化概念的确立做了准备,也对于民族主义运动中唤醒民族一体性发挥了重要作用,随着这一运动在近代的推动,"传统"这一概念也逐步被赋予了新的意义。

　　"传统"不仅与文化概念的亲和力强,也常常作为"近代"的相反概念而使用。其中最平常的理解是,随着近代化的推进,维系着的传统衰退——这作为近代化的一般法则,成为不容置疑的常识性内容而为人所接受。

　　然而从另一方面看,"传统"概念却貌似是引领"近代化"现象的概念。近代这一时代是一个政治、经济、社会所有方面都和从前有着根本性不同的时代,似乎是一个旧有的传统不再适用的时代。只有在这种变革的进程中才有必要重新审视与过去的关系。这些对于国家来讲,最重要的问题是政权的正当性,而对于一般民众来讲,最重要的问题是民族的归属。

随着近代的到来,对"传统"的认知与争论也逐渐增多。这时的"传统"已经不再是从之前时代中继承而来的内容。这时的"传统"是被有意识地理论化后,再依据场景不同加以有意识的修订,有时甚至是捏造。这时的"传统"根据近代的状况被再次取舍,成为与近代状况相符的"传统"。

二、"传统"概念的变迁

对英语中"传统"一词的含义变化,雷蒙德·威廉斯在《关键词》①(*Key Words:A Vocabulary of Culture and Society*)中有着简要归纳。据此,该词语(tradition)14世

---

① 中文译本有《关键词——文化与社会的词汇》,刘建基译,生活·读书·新知三联书店2005年版。——译者注

纪由"交出、递送"意味的拉丁语 tradere 进入英语。

> 拉丁语的名词 tradere 中有①"授受",②"知识的传授",③"传播教理",④"投降、背叛"的意思。英语中①的普遍意思于16世纪中期在英文中出现,而特别指"背叛"的④的含义在15世纪末至17世纪中期得以常见。但主要的词义演变偏重在②与③。……直到今日,最重要的内容还是在这个含义范围之内。……但还在不断涌现别的含义……
>
> 它将由单指父亲传授给孩子生活经验的一般性语言特殊化,成为一种思维范式内表现必要的敬意与义务的概念……虽然"tradition"在英文中作为表达、传达一般程序的意思直到今天都还在使用,但这种与敬意、义务相伴的语义非常强,使用这方面含义的情况也非常多。(Williams 2002:321—322)

其中作为包含对后者敬意与义务内容的用例,威廉斯从莎士比亚的戏曲中举出了几个例子,这种夹杂着特定价值观的用法,例如"值得尊重的传统"这种说法,像威廉斯所说的那样成为现在非常普遍的用法。然而威廉斯接着指出，在现代化理论[①]中，"传统"、"传统的"词语的使用则带着负面的意味。

威廉斯接着又指出"传统"概念的另一个特征。

> 研究个别的"traditions"的学者们常会说，有两代传承就能够被称为"traditional"了。……然而，该词却始终有着向年代久远的事物、仪式、义务、敬意的意思方向趋近的倾向。（前书：322）

下文可以看到，正是由于这种倾向使得在近代状况下需要探寻与过去的联系时，"传统"概念就会被频繁使用。甚至在探寻与过去的联系时"传统"概念也被频繁使用，该词的含义也似乎由此逐渐向遥远的过去延伸。

三、"近代"概念的变迁

威廉斯还在《关键词》中对"近代"概念含义变化做

[①] 日文原词为"近代化論"（modern theory）。——译者注

了概括。依据该辞典,"近代"一词的语源是表示"目前、当下"含义的拉丁语"modo",在英语中最初的含义与现在英语中的"contemporary"相近。

"古代"与"近代"的对照式的定格发生在文艺复兴之前,由15世纪以来,一个中间的或者说是"中世纪"时代的时期开始被定义,作为和其他时代相比较,历史意味的"modern"(近代),从16世纪末开始广泛使用。……19世纪之前的大部分用法,在与其他的时代对比使用的文例中,传达的都是不太正面的印象。……

"modern"与其他近似词表达的是非正面印象等的意思,在其后贯穿整个19世纪,在相当长一段时间内一直被使用着,20世纪后出现非常显著的逆向引导的强大力量,结果是,"modern"与"提高了"、"满意了"或者"效率高"等基本上成为同义词。(前书:208—209)

"近代"概念也由当初中立的意味转变成包含着特定价

值观的内容。有意思的是，18世纪"近代"概念还带着否定的意味，19世纪时则转化为肯定的内容了。就像上一章所提到的那样，在英国作为展现近代化成果的工业社会最初被认为是负面的影响较多。而"近代"观念的变化与"传统"概念的多重含义的形成过程是紧密联结在一起的。即"传统"概念一方面是表达敬意的对象，而另一方面夹杂着轻蔑的意味的复杂情形是在"近代"被肯定之后才出现的。

四、"传统的创造"理论

这样在近代经常使用的、被赋予了正反两方面价值观的"传统"概念所指的制度以及仪式，实际上很多是在近代之后创造出来，或是编造出来的。为何要创造或是编造这些传统呢，前一章提到过的英国历史学家霍布斯鲍姆与另一位历史学家、人类学家兰格（Terence Ranger）为阐述这个问题，合编了论文集《被创造的传统》[①]（*The Invention of Tradition*，1983年初版）。

---

① 中文版本有《传统的发明》，顾杭、庞冠群译，译林出版社2004年版。——译者注

编者之一霍布斯鲍姆在所撰写的序文中简单介绍了论文集的内容。

"传统"通常被认为经过了很长岁月,但事实上往往是新近建立的,或者有时候是编造出来的。……

"被创造的传统"这种语言,是在一种宽泛的意义上被使用着的,……意思中包含那些确实被创造、建构和正式确立的"传统",也包括那些在某一短暂的、可确定年代的时期中(可能只有几年)以一种难以确认的方式出现和迅速确立的"传统"。……"被创造出的传统"意味着一整套通常已被公开或私下接受的规则所控制的实践活动,具有一种仪式或象征特性,试图通过重复来灌输一定的价值和行为规范,而且必然暗含与过去的连续性。事实上只要有可能,他们通常就试图与某一适当具有重大历史意义的过去建立连续性。……然而就与历史意义重大的过去存在联系而言,"被创造出的传统"的独特性在于他们与过去的连续性大多是虚构出来的。即这种传统以参照旧形势的方式来回应新形势,或是通过近乎强制性的

重复来建立他们自己的过去。(Hobsbawm & Ranger 1992：9—10)

这种新型的传统需要以过去的形式引申而来，但与过去的习惯、旧习、日常的惯例或规则、规范的内容有所不同。霍布斯鲍姆认为，习惯要求学习先例，允许一定程度的革新与变化。旧习（convention）与日常习惯（routine）是为了使实际运作更顺畅而做出的，现实情况一旦发生变化就能够进行调整或放弃。规则与规范的内容也是一样。（前书：11—12）与此相呼应的是"被创造的传统表面看起来似乎只是简单的重复，事实上却是联系过去的同时加入自身特色的形式化与礼仪化的过程"（前书：13）。从而论文集范围内的"传统"是非常具有局限性的。

那么为何非要创造"传统"呢？

在这层意义上，似乎没有从未经历过"传统的创造"的时代和地区。然而在以下的情况下，"传统的创造"会出现得更为频繁：当社会的迅速转型削弱甚至摧毁了那些与"旧"传统相宜的社会模式，并产生了旧传统已经不再能适应的新社会模式时；当这些旧传统和它们的机构载体与传播者不再具有充分的适应性和灵活性，或是旧的内容被消除时。……这种变化在过去200年间表现得尤为显著，因此有理由认为那些新传统的转瞬即逝的仪式性活动在这个时期里得到了集中表现。（前书：14）

根据工业革命后新创造出的传统包含的意义与所起作用的不同，霍布斯鲍姆整理出了以下三种类型。

（a）那些使各个团体（真实的或是虚假的共同体）的社会凝聚力或是成员资格得到确立或是象征化的传统。（b）那些使权威的制度、地位或权利关系得以确立或合法化的传统。（c）其主要目的是使以信仰、价值体系、行为准则得到训诫和社会化的传统。（前书：20）

霍布斯鲍姆接着指出（b）与（c）或是由（a）引申而来的。

第五章　传统的创造　　105

　　从而论文集的论文部分由以下组成：苏格兰短裙（kilt）与苏格兰风笛（bagpipes）的传统，威尔士的文化独特性，英国王室的典礼仪式，英属印度的权威表象，非洲殖民地统治机构下观察到的传统创造，在那之后接着探讨了对欧洲整体的展望。

　　各论文的内容也只能介绍至此，许多近代史领域的历史学家参与撰文，从题材也可看出探讨的内容只限于近代背景。该论著是将文化概念作为关键词，将民族主义作为国家分化组合的动力，对这一时代动态进行分析并提出问题的。

五、"传统的创造"理论与"构成主义"

　　"传统的创造"理论自提出以来，在历史学以外的领域也激起了很大的反响，吸引人们注意的并不只是其乍看旧实则新的新奇感。该论文集出版的时间20世纪80年代正好与社会科学各研究领域中被称之为"构成主义"（亦即"结构主义"）的这一思潮的盛行时期相重。

　　"构成主义"就其大的现代思想源流而言，一种说法是在20世纪60年代"结构主义"基础上发展而来的（上野2001）。"结构主义"提出在有自然力量造就的表象背后，在意识达不到的范围内仍然存在使表象成立的结构，但这种结构是如何形成的则不在结构主义的探讨范围之中。因此，从根本上探究这种构造过程的构成主义在社会学、心理学、历史学等人文社会科学的诸多领域同时开展起来。

"传统的创造"理论提出并揭开了这一秘密：随着时间的流逝，那些看起来是自然形成的东西，实际上是有意图地、有意识地创造出来的。与传统概念一样的还有召唤追溯过去悠久历史意义作用的"文化"概念，而第3章介绍的"nation"概念和第8章中探讨的"民族"概念也属于此种类型。

对于文化客体有意识构成部分的关注，例如文化人类学领域的"文化对象化"在20世纪90年代之后引发了争论（太田1983）。第3章所介绍的安德森与盖尔纳的民族主义论主张"nation"不是由过去自然发生的，而是近代的创造就是这一观点的代表性主张。像第8章中的民族概念的境界与归属都是有可能被有意识地操纵的观点在20世纪70年代之后争论得非常激烈。在无意识中形成接受的东西中事实上有被有意识地操纵构成的部分,这种观点可以说正是构成主义的观点。

近代的重要关键词"传统"、"文化"、"nation"、"民族"概念包含着召唤与过去联系的意味,成为有意识的操纵对象,并由此塑造了近代世界。这一事实讲述了近代这一时代如何与过去分离,如何思考这一时代与过去的联系。近代如何定位,传统、文化、nation、民族置于什么位置,接着能起什么样的作用似乎也成为让我们思考的同一个问题。

第六章　美国的文化概念

一、从民族主义时代至多民族混居时代

19世纪赋有德国独特含义的文化概念在20世纪美国得到了更进一步发展。其所对应的大致时代背景是，从19世纪民族主义国家建设时代至20世纪时迎来了多文化、多民族国家的维系运行时代。

进入20世纪之后俄国通过革命成立了苏联，中国成立了中华民国，第二次世界大战后亚非原殖民地地区也相继独立。这里所说的有些国家以社会主义国家建设为目标，而由殖民地独立而来的国家通常将原被占领地作为国界继承了下来。这些与19世纪欧洲民族国家成立经历的路径迥异，几乎所有国家都是国内有许多民族的多民族国家。从

而与民族主义联系在一起的19世纪文化概念难以解释的现象发生了。

在这种背景下开展新文化概念运动的是由欧洲各地的移民、黑人、原住民组成的美利坚联合众国。它的特点在于比起强调与邻国的不同,更注重如何应对国内存在的不同人种、不同文化。19世纪时针对民族问题,欧洲各国通过以民族主义为基础形成国家的方式一定程度上给予了解决。但对于没有经历长时间准备过程而独立的20世纪新兴国家而言,独立之后不得不重新面对该问题。美国是这类国家的先驱,文化概念在美国有新的发展也是理所当然。也正因为这样,同一英语圈内的英国与美国发生文化概念不同的情形,并一直延续到了现在。

二、亚当·库珀的文化

英国人类学家亚当·库珀(Adam Kuper)于1999年出版的《文化——人类学家的说明》一书是针对20世纪美国文化概念发展过程的研究。该书的第一部分在回顾20世纪前半期的美国文化人类学界的文化概念变迁的基础之上，将 20 世纪后半期的以美国为代表的文化人类学家格尔茨（Clifford Geertz）、施耐德（David Schneider）、萨林斯（Marshall David Sahlins）的学术成果与他们各自理解的文化概念结合起来进行探讨，接着库珀回顾了近年来围绕文化的讨论情况。

亚当·库珀是一位出生于南非的现代英国人类学家，他除在非洲等地进行田野调查外，还以人类学成立与其后发展为内容写下了若干研究和概论型著作。英国与美国先后在 20 世纪前、后半期引领人类学的发展。19 世纪中期形成的人类学最初以世界的各个民族，特别是西方白人之外的所谓"原始民族"的文化社会为研究对象。在 20 世纪前半期的英国，人类学研究重点则主要集中于原始社会的构造方面。人类学脱离了之前思辨式、博学式的阶段，建立了科学的学科基础。后来英国这一领域也被冠之以"社会人类学"的名称。20 世纪后"文化"成为美国最重要的概念，人类学学科的名称也被称之为"文化人类学"。继承克莱姆传统的德国，将这一领域的研究称为"民族学"（ethnology）。日本战前受德语圈的影响也将这一领域称为"民族学"，战后美国影响增强，日本大学的学科、研究方向以及课程科目几乎全部都被冠以"文化人类学"名称。

英国与美国人类学的名称差异与两国文化概念迥异紧密相关。20世纪中期英国人类学的代表人物埃德蒙·利奇（Edmund Ronald Leach）在1982年出版的人类学概论性书籍《社会人类学导论》一书中，明确表示他对文化复数形式的表现方法感到诧异（利奇1985：46），这显然是针对美国人类学而言的。像下面所提到的那样，"文化"最初以复数形式表示是在20世纪前半期的美国，这一点上也可以说是为美国产生的文化概念新发展做的总结。

三、美国人类学的发展

美国人类学研究随着19世纪后半期亨利·摩尔根（Lewis Henry Morgan）的活跃开始发展。从事律师业务的摩尔根在处理原住民的土地问题时，引起了他对该问题的兴趣，随后将其发展为世界规模的宏大假说。他的有关亲属名称与婚姻制度的研究被收录于1877年出版的重要著作《古代社会》中，该书对世界影响极大。摩尔根所持的理论是19世纪后半期流行的人类发展阶段学说的一种，他也多次访英与泰勒交流，他的观点与当时英国代表性的学者并没有根本性的差异。

而将摩尔根派的发展阶段学说观点抹去，开辟20世纪美国人类学道路的是弗兰兹·博厄斯（Franz Boas）。19世纪末弗兰兹·博厄斯由欧洲赴美开展北美印第安人的研究，其后在大学任教，培养了诸多人类学家。博厄斯出生于今属德国的威斯特伐利亚，他在柏林学习民族学与病理学之后开展了对格陵兰爱斯基摩人的调查，之后移居美国，在对美国西北海岸的印第安人进行调查的同时对摩尔根流派的发展阶段学说进行批判，确立了自己的学术地位。德国的民族学沿袭了德国旧有的文化观和克莱姆的传统，把研究焦点放在了工具、美术等物质文化及神话的研究上。19世纪末正好是一个探究物质文化和神话的发源以及传播过程的传播论研究盛行时期。博厄斯在对西北海岸印第安人进行调查的过程中对木雕等的造型艺术与神话产生兴趣，提出有必要依据北美印第安人所处的生活环境与生活形态将其分为不同的文化圈进行研究。这种文化圈说可以说是从德国式文化观中引申而来的。

后来博厄斯在哥伦比亚大学得到人类学教授教职，培养了许多学生,他的学生们引领着整个20世纪的美国人类学。第一代学生有罗威(Robert Lowie)、克罗勃、戈登卫泽(Alexander Goldenweiser),第二代学生有萨庇亚(Edward Sapir)、本尼迪克特(Ruth Benedict)、林顿(Ralph Linton)、米德(Margaret Mead)等。博厄斯特别安排第一代的弟子们分别选定印第安人的特定部落作为调查对象,学习语言,并指导他们通过居留地的印第安老人的口述详细调查过去自由移居时期的风俗、礼仪。这些是为论证他的文化群学说而做的基础工作,这种调查形式同时也成为20世纪美国人类学的基础。

四、博厄斯的文化观

库珀借用现代美国人类学史学家斯托金(G. Stocking)的语言,这样总结博厄斯所起的作用:"正是博厄斯主导了将启蒙主义的文化概念向现代文化人类学文化概念的转换。"博厄斯自身并未进行文化定义及理论的考察,但他的著作中,作为现代文化概念核心的"历史性"(historicity)、"复数性"(plurality)、"行为决定论"

(behavioral determinism)、"整合"(integration)、"相对主义"(relativism)等要素却随处可见。

库珀将博厄斯的那种想法归结于他在柏林时获得的素养,特别是从他的老师病理学家菲尔绍(Rudolf Ludwig Karl Virchow)的反种族主义立场,民族学家巴斯蒂安(Adolf Bastian)所理解的文化领域概念那里受益颇深。然而博厄斯本人并未使用过文化的复数形式。库珀评价:最终文化是一个民族精神综合体,还是依据境况时时刻刻都有部分发生变化的集合,博厄斯在这之间摇摆不定。(前书:60—61)

博厄斯并未定义、提炼出自己的文化概念,但第1章中介绍的克罗勃与克拉克洪的《文化》中也提及一些博厄斯关于文化概念的言语,这些如以下文例所示:

> 文化以一个共同体的社会习惯而出现,包括个人受其所处集团的习惯影响而做出的反应,以及由该习惯造就的所有人类活动的产物。(Kroeber & Kluckholm 1963:82)

这是 1930 年出版的《社会科学事典》中"人类学"条目中所写的一部分，是在他的学生萨庇亚与本尼迪克特开始提倡新型文化概念之后所写的。但即便是这样，它也只是一种非常一般的概括式的总结方法。

五、文化复数形式的出现

博厄斯为文化概念的转换做了一些工作，但真正使文化成为能用复数形式表示，成为完全意义上的现代文化概念的，还是他的学生们。其背景之一是 20 世纪 20 年代至 30 年代之间，美国社会科学领域中涉及文化的内容激增。

博厄斯的第一代学生们依然固守着旧有的文化概念。例如博厄斯最为忠诚的学生罗伯特·罗威认为，文化难以由人种和环境决定，是非生物学的民族遗产。他同时否认文化是一个统一的整体，并对地域文化传统间的差异产生了兴趣。另外，戈登卫泽在 1922 年初版的《早期文明——人类学入门》一书中将文化作为习惯、技术、信仰集合的同时，提出文明超越了人种的界限，并由此反对种族主义。

(Kuper 1999：62—64)

库珀谈到相对于博厄斯的第一代弟子，博厄斯的第二代弟子，特别是萨庇亚与本尼迪克特首先使用文化复数形式确立了现代的文化概念。这也是与博厄斯文化观决定性的分离。

六、爱德华·萨庇亚

研究北美印第安人语言的爱德华·萨庇亚作为"人类认识自身所处的世界的方法由其使用的语言所决定"的萨庇亚—沃尔夫假说（Sapir-Whorf hypothesis）的提倡者而知名。他生于原属德国领地的犹太人家庭，5岁时与父母一起移居到美国，大学时专攻语言学，以赫尔德的语言起源论为题目撰写了硕士论文。由于仰慕博厄斯，他从那时开始踏入文化人类学领域。

萨庇亚在撰写语言学入门书《言语》（1921年初版）时，谈到了"文化，即社会相传，决定我们生活特性的习俗和信念的集合"（Sapir 1998：358）与"作为历史别名的文化的另一面，是社会所选择的目录中的一系列繁杂的变化"（前书：378）。从这些语句中可以看出，他还沿袭着博厄斯的文化观。另外他在考察语言、人种与文化之间关系的第10章中提出语言的裂痕与人种、文化的裂痕并不一定相互照应，如果一致的话那并非是出于内在的心理原因，而是历史的产物。

> 假如完全不理会文化内容，只要能证明有一种固定的形式、一套轮廓，则文化之中一定有能使文化与语言相比较的部分，从而有能将文化与语言联系在一起的办法。然而在文化形式上的模式被完全发现、表示出来之前，语言的偏移与文化的偏移难以相互比较、相互联系，这样考虑或许最为恰当。（前书：378—379）

此处文化的"裂痕"与"轮廓"已经被构思出来，后来引发本尼迪克特思考的文化"形式上的模式"用语也初现端倪，这个阶段的文化受历史影响发生了一些变化，在就文化所固守的完整性上出现了分歧。

库珀指出，萨庇亚在1924年所写的题为《文化——纯粹物与不纯物》的论文中宣告了他与博厄斯式的文化概念的诀别。该文开头指出文化该词的使用有着各种各样的含义，他将该含义整理如下：

> 首先文化在学术领域根据民族学家与文化史学家的不同，表现为社会继承的人类物质方面的生活内容和精神方面的生活内容，这样定义的文化对所有人都通用。原因是即便是最为野蛮的生活方式，社会运作中也有由其传统保持的行为习惯、规范、态度复杂的网络特色存在。……我不打算在此使用学术意义上的"文化"。或许"文明"更为恰当吧……（Sapir 1949：309）

这也可以看成是他向老师博厄斯及第一代弟子们所下的挑战书。

> （文化的）第二类用法流传广泛，是指与个人修养相关的习俗理念，这种理念通常基于一定程度的知识与经验，由特殊阶级以及支持传统的态度而构成。（前书：309）

这显然是 18 世纪法国式的,以及第 4 章提到的 19 世纪英国式的文化观的内容。

第三类用法中强调集团精神并非个人的内容方面与第一类用法相同,但在被认可的一部分价值而不是全部生活形态的内容方面与第二类用法相同,随后提出了自己的观点。

> (文化概念)简而言之,就是特定的民族(people)在世界中创造自己独立空间的一般态度、生活观与固有文明的表露。……文化概念与国民性、民族性(nationality)问题相关联,适于发现由该民族的性格,以及体现文明程度上的固有卓越性与独特性。在这个意义上的文化,与一个民族的"精神"或者"特性"几乎是同义语……(前书:311)

这正是第 2 章看到的 19 世纪德意志式的文化观。引发萨庇亚对集体精神关注的背景是 19 世纪在德国激烈争论的"民族精神"(volkgeist)概念。这个概念以继承赫尔德观点的形式在1801年由黑格尔提出,黑格尔认为"民族精神"是世界精神的一种表现,是贯穿人类历史始终的内容。(Wiener 1990:382)德国文化观主要是以人类精神世界产物的艺术作品和思想为对象,来思考肉眼无法发现的民族精神。

萨庇亚吸取了刚才提到的第二类和第三类的含义,来提倡他所说的"纯粹文化"的研究。

> 纯粹文化定位于高级或低级都无关大碍。它首先本来是中和的、保持着平衡的、使自我满意的东西。它有着丰富的多样性,保持着一定程度的统一性,有着长期一贯的生活态度,并倾向从文明当中的一种要素的重要性来发现与其他要素的关联性。就理念而言,若无精神意义存在,则文化就毫无内容可言。(Sapir 1949:314—315)

关于集团精神与个人个性的关系方面,萨庇亚有如下的措辞:

第六章　美国的文化概念　121

没有共通纯粹文化的土壤的话，不论文化的理念对个人的感染力如何，都难以渗透，反之，文化价值欠缺强有力的个性（personalities）变革能量的话，则不会有共通的纯粹文化存在。（前书：322）

每个人追求各自的文化和执着于社会积累的文化，与其说是为了被动地享受这种成果，不如说是为了促进世界文化价值向个性化方向发展。（前书：324）

萨庇亚之所以借用19世纪德国的文化观的例子来说明"纯粹文化"的重要性，是因为当时美国的文化状况存在着隐忧。在他眼中的美国人，没有共通的传统文化土壤，只是为追求经济利益与消费而奔走，似乎缺少精神的满足感。但另一方面有着古老传统的欧洲却沉沦于战争的惨祸。在战后经济繁荣的喧闹声中美国已经完全从欧洲殖民地的地位脱离，开始了为真正意义上的民族国家探索建设文化共通基础的时期。论文中萨庇亚所展示的文化观就有为这种目的而展示的内容。在论文的后半部分他多次将美国及美人的文化状况分别与欧洲、印第安人的情况相互对比，用这种形式来做引证。从而萨庇亚得出美国还是年轻的国家，即相对于"一种单纯文化（a genuine culture）——正确相互衔接的一系列复数的独立的各种文化（a series of linked autonomous culture）——才应该是装点我们生活的内容"的论文结语（前书：331）。美国之所以期待这种复数形式的纯粹文化联合体是因为之前提过，美国预测到今后世界政治经济的整合会超越国界发展成为大集合的同时，文化的整合也会由国家层次细分为小型共同体规模。有意思的是，这相当于变相预言了后来的文化多元主义。另外在刚才引用的论文结语里，萨庇亚明确将文化以单数或复数的可数名词形式来标注。

萨庇亚之所以在论文中强调文化集合给个人的行动提供精神上的公共基础，是因为受到当时美国所面临时代状况的影响。[①] 然而这样的文化观似乎也不可避免地抹杀了推出 19 世纪民族精神概念，为科学文化理论构建而付出辛劳的老师博厄斯的努力。库珀介绍，萨庇亚的师兄罗威评价这篇论文时说该论文"与人类学没有丝毫关系"（Kuper

---

① 关于这一时期美国的状况与文化概念的作用，参照竹泽（2007）。

1999：68）。确实萨庇亚在将文化概念的理解向民族主义的主张强行拉近的同时，对所强调的"精神"文化以何种形式提炼出来也不甚了然。最终是他的学妹本尼迪克特将这一民族主义部分抹去，从而使作为共通精神的文化这一拟定比较清晰地展现出来的。

七、鲁丝·本尼迪克特

鲁丝·本尼迪克特生于纽约，大学毕业后从事英语教师等职业并结婚，1921年考入博厄斯任教的研究生院，后来取得文化人类学博士学位。第二次世界大战期间本尼迪克特受美国政府委托开展对敌国日本的研究，并以《菊与刀》一书而成名，其代表作《文化模式》[①]（1934年初版）显然是受到了萨庇亚的影响。

《文化模式》第3章以"文化的整合"为标题，是论述单个文化各自如何被整合起来的内容。这里所说的文化的

[①] 中文版本有《文化模式》，王炜等译，社会科学文献出版社2009年版。——译者注

整合可以说是萨庇亚所主张的共通集团精神的翻版。

> 对于文化行为的意义,即使当我们清楚地理解了它们,知道它们是地区的、人为的、具有很大差异性的时候,仍然是不够的。文化行为还具有被整合的特质,就像一个个人那样,说是一个个不同的文化,但其思想和行动也具备一贯的模式。(Benedict 2008:73—74)

> 这种文化的整合一点儿也不神秘。它与艺术风格的产生和存留是同一进程。……

> 伟大的艺术样式产生,这一事情使得"作为整体"的个别文化也产生了。为了饮食、繁殖、战斗、奉祀等而创制的所有各式各样的行为无不遵从个别文化中发展的无意识选择标准,从而形成完整无瑕的整合模式。(前书:75—76)

博厄斯认为在历史中时时刻刻在发生变化的文化,在此被设想成纳入一个模式之中。本尼迪克特称这种起到收敛作用的东西为"无意识的选择标准",其根据来源于当时不断发展的个人性格的研究、格式塔心理学（Gestalt Psychologie）、威廉·狄尔泰（Wilhelm Dilthey）的哲学。

接着本尼迪克特从斯宾格勒（Oswald Spengler）的《西方的没落》中得到灵感，将文化的统一性比拟为个人性格的结晶，并通过假设不同文化有不同的集团个性来说明这种不同。如多布岛（Dobu）的住民有偏执倾向，而夸扣特尔人（Kwakiutl）喜好夸大、妄想。

那么各种文化模式与其中生活的单个人的性格有何种关系呢？本尼迪克特以总结《文化模式》的形式，在第7章社会的性质与第8章个人与文化模式中来探讨这个问题。她这样说道：

> 我到现在为止一直这么认为，人类的气质在世界上相当稳定，而在每一个社会中，那种大体相似的配置都隐形地存在，文化遵循该传统的模式，从中择取可选之物，将大多数的个体嵌入整齐划一的模式当中。按照这种解释来举例，例如不论何种社会都有一定数量的人有过阴魂附体的经历。如果诈称有这种经历会得到回报的话，就会有非常多的人想经历或是

想模仿吧。但是如果这种经历被放在被认为是不道德的文明体系之下的话,想经历这种事情的人就会非常少,这种人也会被认为是不正常的吧。(前书:313—314)

大概所有的人,与生俱来都有一种难以预测的顺从性,他们适合于文化形式。他们依从着出生社会的棱角而成形。……

然而,人们会发现这种形式并不是对每一个人都平等、适宜。对天生具备的能力与所在社会选择的行为类型大体一致的人来说是一种有利的幸运。(前书:340)

对于天生具备能力与所在社会选择的行为类型不一致的人来讲,在那种文化之中只会被赋予较低的价值,充其量只能如巫师、巫婆那样通过演示特异功能来展示自己的个性。然而在本尼迪克特看来,并不是那种人病理上有何问题,而只是文化的模式不适合而已。

这种文化与个人的定位与先前萨庇亚的考虑一致,内容方面的见解也属恰当。然而从这里却看不到为什么同一种文化只能形成特定个人性格的模型的内容。本尼迪克特通过对性格的诊断，展示出各民族文化模式的构造。她所强调的文化的统一性，除了与个人性格对比的内容之外，似乎也看不到什么根据。甚至是给予本尼迪克特影响的萨庇亚，也对她的文化带有性格的观点持怀疑态度。（Kuper 1999：67）

倾向于民族主义（nationalism）文化观的萨庇亚与文化性格论者本尼迪克特最初将文化以复数形式使用有难以磨灭的功绩。萨庇亚复数形式的用法例子已经引用过了，本尼迪克特也在《文化模式》一书中这样指出："人类学家从对原始文化的一般性研究开始向个别的原始文化研究转移。这样一个'文化的整体'的研究向复数的'个别文化'的研究转移被认可，显然是新近发生的事情。"（Benedict 2008：78—79）

对于不存在可数名词与不可数名词区别的日语母语者来讲，恐怕难以立刻理解不可数名词的"文化"作为可数名词使用带来了何种概念上的变化。这种变化简单说就是给特定的文化设定范围。范围设定之后就成为可数了。然而由语法支持的语言以及规定成员归属的社会集团能设定范围，特定的文化，例如日本文化从何处开始、到何处为止的范围究竟能否被设定？库珀与利奇等英国人类学家对美国人类学文化概念感到疑惑的正是这一点。

八、20世纪20年代美国的社会状况

萨庇亚与本尼迪克特真正提出美国文化概念构想的20世纪20年代是第一次世界大战的终结期与以美国为发源地的大萧条的中间时期。克罗勃与克拉克洪的《文化》之中已经提到过，在美国这一时期中论及文化概念的出版物激增。这一时期的美国是处于何种社会状况呢？[①]

幸免于第一次世界大战战乱波及的美国，这一时期处于空前繁荣状态，泡沫经济也随之到来。这一时期也可以说成是美国取代凋敝的欧洲，在世界历史上一跃而成为主

---

① 威廉·利奇（William Leach）的《欲望的国度》一书详细描述了19世纪末至20世纪初美国的社会出现大量消费现象。（Leach 1993）书中提到自产自销经济向大量生产、大量消费的经济体系转换的这种现象在19世纪90年代东部的大城市发生，20世纪初进入稳定时期，并扩展到了全国。在20世纪20年代受欧洲大战需求影响的繁荣中，美国可以说是在歌颂这一过剩消费生活方式的时期。

第六章 美国的文化概念

角的时期。经济泡沫随着大萧条而灰飞烟灭，20世纪30年代开始的世界性大萧条之后马上迎来了第二次世界大战。20年代美国展示给世界的新生活方式成为20世纪生活方式的先驱。

20世纪的美国以社会上的禁酒令（1919年施行）与通过钻空子制造的手段获得巨大收益的阿尔·卡彭（Alphonse Capone）等人的帮会时代而广为人知。另一方面，妇女参政权（1920年施行）被认可，女性进入社会常态化，之前保守的维多利亚时代道德观念完全成为过去式。齐膝短裙与眼影出现，蹦蹦跳跳的踢踏舞也开始流行，各种开放的享乐风气渐渐扩大。

1908年开始生产的福特T型汽车普及，接着1920年广播电台开始播音，收音机瞬时普及到了一般家庭。1923年《时代周刊》、1925年《纽约人》创刊。1925年冷冻食品被发明，1926年家庭用电烤面包机开始销售。继卓别林等人的无声电影之后，1927年第一部长篇有声电影也被制作出来，1928年《米奇老鼠》等迪士尼动画电影开始播放，1929年《大力水手》登场。可以说这是20世纪大众娱乐定型的时代，宣告了快速消费社会的到来。

艺术方面，真正的美国式作品在这一时期也开始产生。文学中被称为"迷惘的一代"的海明威（Ernest Hemingway）、多斯·帕索斯（John Dos Passos）、福克纳（William Faulkner）等人的主要作品也开始发表。作曲家乔治·格什温（George Gershwin）的"蓝色狂想曲"（*Rhapsody in Blue*）与"一个美国人在巴黎"（*An American in Paris*）初次上演也是20年代的事情。

另外20年代也被称为"爵士时代"，南部的黑人音乐以"爵士"形式在白人社会中开始流行。艾灵顿公爵（Duke Ellington）通过收音机将他的名字传播至全美国，路易·阿姆斯特朗（Louis Armstrong）的巅峰也是在这个时期。

以上只是时间表式的简单勾勒，在旧式道德观成为过去，新式生活方式出现的背景中，与欧洲文化不同的美国探索新型文化概念的情形完全能够想象。萨庇亚与本尼迪克特所生活的社会是一个由欧洲各国来的移民与原住民、黑人组成的混合体，各类人群在维系自己固有模式与价值观的同时也像流行的爵士乐那样混合交融。统一的产品与普及的大众娱乐促进了生活方面的同质性。黑人被作为奴隶而疏远、原住民被居住区域隔离的时代不复存在，日常生活中即使只是娱乐也绕不开黑人文化元素，这些都使得他们不得不重新认识面对文化范畴。

九、美国式文化观的定型

萨庇亚与本尼迪克特之后的美国人类学中，本尼迪克特的学妹玛格丽特·米德与同一代的拉尔夫·林顿等人从育儿和教育习惯等方面来观察文化与所处其中的人性格的关系，并做了相对具体的解释性研究。这些观点可以从本尼迪克特的日本研究书籍《菊与刀》中看到。第二次世界大战中，包括《菊与刀》在内的国民性研究经人类学家之手得到蓬勃发展。

第1章中所举的就是在上述美国人类学发展过程中写就的。同时社会学家塔尔科特·帕森斯（Talcott Parsons）通过《社会行动的结构》、《社会系统》计划建立综合性社会科学理论。库珀指出克罗勃与克拉克洪的《文化》是对塔尔科特·帕森斯进行回应并展示人类学家观点的著作（Kuper 1999：54—56）。当时帕森斯与克拉克洪所在的哈佛大学将社会学、人类学与心理学组成了社会关系学这一新学科，从而有必要展示人类学、社会学心理学之间的区别。而泰勒的定义中包含太多复杂的元素，没有区分文化与社会组织，因此无法原原本本使用他的定义。从而就像下面所整理的那样，克罗勃与克拉克洪一方面将泰勒的定义作为现代文化概念的支撑点，另一方面也概述、整理、总结了其他的各种成果。

> 文化通过象征获得和传播，包括眼睛看得到的东西，眼睛看不到的东西，由行为或行为模式而得来。文化最本质的核心是传统观念，特别是由传统观念赋予的价值理念而得来的。(Kroeber & Kluckholm 1963: 357)

文化的本质相对于行为和制度更表现为观念与价值的说法，比起萨庇亚与本尼迪克特所倡导的文化模式更加一般化，更容易被广泛接受，这也可以说是在博厄斯以来的美国人类学发展基础上更为美国化的文化观。将重点放在观念与价值上的文化概念后来成为美国人类学的基本理念，例如20世纪后半期知名人类学家格尔茨"文化是由人自己编织的意义之网"的文化理论可以说就是沿着这一条脉络发展而来的。

十、少数民族政策与多文化主义

第2章介绍的诺贝德·艾利亚斯就文化范畴指出:"德语中的文化概念,特别强调国民的差异,群体的独特性。"(Elias 1977: 71) 19世纪时文化范畴是在本国国民与他国国民、敌与友之间划分,使之增强范畴内部的凝聚力,成为向国家形成迈进的原始动力。

与此相对应的是,20世纪美国等国家的国民之间存在着不容置疑的隔阂。从而以19世纪文化概念为理论前提的种族歧视和少数民族歧视就成为社会问题。也是有鉴于此,有必要设法树立一种能使自己意识到与他国边界的文化概念。本尼迪克特所说的文化模式,或许可以说就是为了设定这种边界而提出来的想法。

在认同文化界限的同时,为了使不同的文化不至于陷入相互弱肉强食的境地,人类学家提出了文化相对主义理论。这种理论认为单个文化相互独立存在,不存在决定他们之间优劣的绝对标准。这种观点是为了尊重社会劣势地位人们的文化而被提出的(关于文化相对主义,下一章则将详细叙述)。

少数民族政策与多元文化主义政策是一种有自己的界限,以其他文化存在为前提的国家政策。少数民族政策成为为少数民族行政机构的用人招录和学校招生计划做一定程度照顾的制度基础,为原苏联、中华人民共和国等社会主义国家所采用。印度的特殊部落制度可以说也是同出一辙。但这种政策的问题在于如何定义特殊的民族和部落,现在一般性的做法是依据出身,但依然存在混血等难以应对的情况。多元文化主义政策为加拿大、澳大利亚所采取,该政策通过母语教育和官方语言等方面来关照多元文化。但该政策认可这种权利到什么程度并没有标准,具体问题的解决方法仍然还需依据各个国家、各种情形来进行沟通与探索。

欧洲国家中对国内的其他文化、其他民族采取净化政策(排除异己分子)与同化政策的情形很多。近年来法国、英国、德国由于大量移民的流入和居住的长期化，也出现了与美国以及新兴国家相同的状况。多元文化共存、多民族融合式混居成为当今世界各个民族必须面对的课题，关于这个问题将在第 8 章中再次进行阐述。

第七章 文化相对主义

一、文化相对主义的主张与背景

文化相对主义这一观点是指每个人都具有各自的价值，从属于不同文化，所以当把一种文化的价值及认识标准转用在另一种文化上时则不会理解该文化。这种文化观的理论基础是文化是各自独立的集合，相互独立而存在，没有表现绝对优越的东西，也即是说不同文化之间不存在以优劣判定的绝对的、普遍的标准。

最初以明确的形式来表达文化相对主义的是鲁丝·本尼迪克特。本尼迪克特的文化各自具有自身固定模式的理论，加之老师博厄斯的相对的文化获取方式，再与师兄萨庇亚的语言＝认识相对论组合在一起，使得该观点的产生成为了一种必然。

进一步讲，对于批判当时在美国蔓延的种族主义，以及以种族主义为基础的种族歧视的博厄斯与他的弟子们来说，文化相对主义成为了道义的、政治立场的理论依据。这种立场与主张成为文化人类学方法论的基础，也成为道义的核心支撑。

这种观点从文化人类学（美国式的）立场出发看是理所当然的，除此之外无论从道义上或是政治上出发，关怀还处于社会弱势地位的人们的文化似乎都毫无疑问是应该的。但即使文化相对性作为一般性理论被认同，但涉及个体具体到何种程度时算是包含文化固有成分的认定仍非常困难。加上涉及道德上、政治上的容忍范围，获得广泛的共识就更加艰难。比如将猎取人头的习俗作为文化的一部分的话，或许会理解这一文化中产生该习俗的必然性，但如果要从道义上、政治上来许可它的存在的话，则很难想象会得到人们的支持。那么列举奴隶制如何，一夫多妻制又当怎样等的话，很难想象如何设定容忍范围吧。

在本章中，笔者将对文化相对主义的恰当性进行整理。

二、文化相对主义的几种形态

文化相对主义的形态方面，有清水昭俊所介绍的20世纪中期的美国人类学家赫斯科维茨（Melville J. Herskovits）的整理结果（清水1996：13）。由此可知，文化相对主义有方法论上的、哲学上的、实践上的三种形态。

方法论上的相对主义可以说是文化人类学的基本求学姿态，为了理解不同文化，要求将人类学家自身的自我民族中心主义认识体系排除在外。哲学上的相对主义是指将文化价值多元性理论问题作为探讨对象。实践上的相对主义是指培养塑造几个或多个民族集团在接触的过程中相互尊重和相互理解。

在20世纪90年代英国编纂的《社会与文化人类学百科全书》的"相对主义"的词条中可以看到类似分类（Barnard & Spencer 1996：478—482）。撰写这一词条的惠特克（Mark P. Whitaker）还将这三个方面的文化相对主义做了区分：

首先，（至少是在文化人类学领域中被继承下来的）传统的文化相对主义是指当在不同民族间观察到不同的行为方式时，应该将这种行为方式理解成为文化多样性带来的结果，且这种行为方式应该得到尊重，此外应先需要理解做这种行为的人们的语言。惠特克评价说传统的文化相对主义大致相当于赫斯科维奇所说的方法论式的相对主义，这种认识方法并不深入，只是就民族志关心和所能达到的范围而言的。但仅就这种所达到的范围来看，传统的文化相对主义仍然不失为一种非常完善的观点。

其次，举出的认识论式的相对主义是指，不同文化具有的知识体系完全意义上的口译、比较、翻译都不可行，从而生活在不同文化中的人，互相之间完全不同，但都各自假定自己生活在"真正"的认识世界中。这与赫斯科维奇所说的哲学式的相对主义大致相当，惠特克提到了萨庇亚—沃尔夫假说与哲学家奎因（Willard Van Orman Quine），还对之前非自觉的，西方哲学所探究的合理的普遍性表示疑惑，被认为是站在保守认识论立场上的，批评者的相对主义。

最后是伦理式的相对主义，道德价值是在各个文化固有历史的发展基础之上而产生的东西，只有参照历史才有可能对其做出判断，超越文化的普遍性伦理标准缺乏一贯性，从而很难成为公正的内容。惠特克指出这是与赫斯科维奇的实践式的相对主义相对应的内容，但在人类学中这种反对强行推行普世价值观念、容忍伦理相对主义的后现代主义立场，与难以容忍伦理相对主义对践踏人权的习俗默许放任的实践型活动家的立场之间也是争论不断。

三、文化相对主义之驳论

对于文化相对主义的立场与观点，不仅是伦理和实践方面，在三种形态方面各自都有驳论提出。

介绍赫斯科维茨分类法的人类学家清水昭俊对于文化人类学方法论式的立场提出如下批评：

> 文化相对主义或多或少包含着对"原始"文化的向往和对西方近代批判的内容。哲学式的，实践式形态的相对主义赋予"原始"文化与西方近代同等的价值。但这与殖民地居民臣服于西方的世界史基本事实不符。这一矛盾使得将倾向于做西方近代批判的相对主义者的表象用怀旧的形式装点的同时，在他们认识

观上仍保留着非西欧式世界史的败象。相对主义是用本性主义的语法方式在"民族志的现在"的时空背景下描绘"原始"文化，给予其可能替代西方近代文化的现实性。（清水 1996：14）

这里诉诸为问题的是，成为文化相对主义主张发端的是家长式的亲情主义，尊重被西方近代歧视、消灭的弱势地位文化的姿态，与想当然地认为那些文化具有独自的固有性和独立性，所看到的行为与思考方式就是那些文化固有内容的文化本质把握方式。这其中后者的对文化相对主义包含本性（本质）主义观点的批判正好与20世纪美国人类学带来的复数的文化把握方式相符，这也使得人们对不同文化之间凛然以分界线划分的方式是否可行产生疑虑。

同样，这也能说明"文化"与"自然"的分界线。在西方近代思想中通常的想法是"文化"与"自然"相对立，如果将文化看成一种具有整合的、封闭的体系的固有模型的话，人类与同样具备生理属性的生物种类之间，能否鲜明地拉开分界线？究竟作为生物的共通性与文化的相对性有何种关系？这些问题与下面哲学的、认识论的相对主义驳论相关。

在哲学与认识科学领域，相对主义能否占确切的地位尚难下定论。"萨庇亚—沃尔夫假说"之所以在提出多半个世纪后的今天还只是一种假设，原因在于缺乏严密的论证。心理学尝试开展比较不同文化环境中认识能力获得过程的研究，但还有待进一步深入。近年来开始了以认识心理学与大脑心理学等之间的共同研究，这一领域研究进行顺利的话，或许文化与自然的分界线能渐渐清晰。认知心理学、大脑心理学，基本上是以人类一般共通的、普遍的属性为出发点，这种最新的认知科学与文化人类学的对话，还只是刚刚起步。（参考 Geertz 2007 等）

像已经提到过的那样，伦理式的相对主义关键点在于以文化相对主义的名义能否容许人权践踏与人权侵害，以及依据相对主义在文化之间划分界限，将其固有性作为本质的内容封闭在该范围之内，造成这种局面的，只能是主流文化一侧的强权。前者关系到例如"人权"概念是否具有普遍的妥当性，后者关系到不同文化之间历史上的控制与被控制的问题。特别是伦理式的相对主义需要值得特别注意的是，不同人持不同观点都会使得境况与含义相应发生变化。

四、相对主义与普遍主义

人类学家滨本满借用自我文化中心主义概念来对文化相对主义及其相对概念的普遍主义的关系做了如下整理：

> 我考虑的文化相对主义最重要的特征是，用一句话来讲，就是为了避免过分倚重自己文化的当然性与绝对性，来抗衡"自文化中心主义"的"反自文化中心主义"的部分。所以说反自文化中心主义当然无法成为他文化中心主义。他文化中心主义是从对自身文化的当然性与绝对性的疑虑发展至对他者的关心，由对他者展现出差异的兴趣而被触动的脱中心化运动。（滨本 1996：72）

普遍主义是通过与他者接触，将自身相对化，以普遍共通性作为目标与相对主义基础共通。如果说有所不同的话，相对主义不像普遍主义那样，"预先准备的普遍基础的

前提不存在",自己与他者之间"沟通工作成功与否,事先没有保证。"(前书:83)

从而滨本认为与文化相对主义相对立的不是普遍主义而是自文化中心主义。没有将自我相对化从而理解他者的姿态时,"文化相对主义将堕入自我差异的封闭之中,成为一种自文化中心主义","对于他者来说,这种做法是将各自文化内部的他者固定封锁的'文化隔离政策'"(前书:76)。如相对主义的驳论所指出的那样,引发危险状况的不是相对主义立场,而是本来相对主义应该具备的将自我相对化,以及对他者的理解欲望与兴趣的丧失。

接着滨本将刚才引用的部分做了如下的注释,这些内容不仅对文化相对主义,对文化多样性的设定问题方面也有重要的参考价值。

> 这种设立自他区别的情况本身将人以各种"文化",即以相互差异、相互隔离,分割成多个单位,封闭的内部话语来作为交流渠道,这种方式或会遭到严肃批判。谈论文化这一习语自身就潜藏危险。在这一点上不再深入,继续使用自他区分和文化的习语

吧。然而基于自他的区别之上,而不将此区别绝对化;在谈论文化之时,不将文化作为完整以及相互孤立的单位,强调这些将是非常必要的。文化相对主义设立自他的区别,并非为了结束之间的对话,而是为了通过互相对话而超越互相之间的差别;设想文化为单位也并非是为了将人分隔开来禁锢于其中,其目的是以之间的界限为对象再次使该界限流动化。(前书:93)

这里又一次提到的"文化的习语",不需多言这是20世纪美国的文化概念。然而至20世纪后半期殖民地的独立与黑人、原住民的权利回归运动高涨,那种文化已经不再是家长式的温情主义保护内容。再有,世界范围内人的移动范围扩大,不同文化背景的人们日常接触的景况,在今天世界的各个角落都可以看到。与这种情形的变化相对应,文化所关心的焦点从各自文化集合的存在形式转移至衔接文化界限部分的对话与交流方面,滨本的观点说的正是那时候的情形。

五、超越自文化、自民族中心主义

人类学家竹泽尚一郎对人类学自成立以来的发展进行仔细研究。他批判本尼迪克特所提倡的文化相对主义，认为以《菊与刀》为始的第二次世界大战前后的"国民性研究"也失去了对自文化批判的意识，陷入以异文化为参照的"美国文化论"。同时竹泽认为，文化相对主义的立场是从战后代表性的美国人类学家克利福德·格尔茨继承而来的。（竹泽2007）

格尔茨于1983年发表了《反·反文化相对主义》（*Anti Anti-Relativism*）的论文，在论文中他指出，反相对主义阵营所依据的"人的本性"以及"人的心性"是一个没有经过足够验证而提出的空洞概念，信奉反相对主义恐怕会给文化多样性这一现实带来阴影。（Geertz 2007）

此外格尔茨在两年之后发表"多样性的功用"为题的论文将自民族中心主义提上案头，指出对自文化的尊重能使其衍生出自信、自豪感的依据等这些正面内容，但一味强调则会造成自文化封闭状态，并担心会由此造成对他文化关心和理解的低下。从而主张只有"想象式的探索进入陌生的心理活动（接着容许他样的心性进入自己）"，才是在多样文化存在的现代社会中生活不可或缺的态度。（前书：106）

格尔茨的这种观点与刚才举出的滨本满所提出的问题基本重合，时至多文化、多民族混居在世界中已经常态化的今天，认可与尊重文化差异的同时以平等的立场对话共存才是一条应该选择的道路。在种族歧视、民族纷争、移民排斥运动依然极度猖獗的今天，这些首先从文化人类学角度提出的观点是应该被积极支持的。

第八章　人种与民族

一、英语中的"民族"

与文化概念紧密相连的"民族"一词也是我们今天非常熟悉的。与文化相比,民族所指含义更加明晰,不像文化概念有摇摆不定的内容。至少在日语中,民族一词语及其概念一直以来都被认为比文化概念有更大的稳定性。

然而"民族"一词是明治时代由英语词源"nation"创制而来的译词。"nation"是兼具"民族"与"国民"两种意思的概念与词语,在日本是依据内容意义而分别进行翻译的,这已经在第 3 章中介绍过了。

那么英语中有没有单纯表达"民族"这一意思的词语呢?查阅日英辞典就可以发现,与日语中"民族"大致相当的常用英语词语除"nation"之外还有"people"、"folk"。然而这里的"people"所指的意思内容比起"民族"这一日语隐含的限定性集合，更表示"人们"这种更为宽松、宏大的集合，与日语中的"××人"意思相近。"folk"在日语中是带有"民众"语气的词语。表示共同拥有特定文化习惯的人群集合这一含义时，与日语"民族"所召唤的含义相吻合，特定的人群这一表现变成"ethnic group"，这种说法已经相对而言为近年来的社会学、文化人类学等学科领域所接受。

日本自明治时代创制"民族"一词以来，刚才所指意义内容的词汇使用已经固定。而在英语等欧洲语言和国家中，民族的概念及用法都发生了许多的变化。

二、"人种"概念与种族主义

在第 3 章中已经看到过了，19 世纪的欧洲是民族主义（nationalism）的时代，是民族（nation）这一人群集合被人们真正所认知的时代。而在这个时代中将世界上的人们分开的另一个广泛使用的概念是"人种"。

以身体特征为标准将"我们"与"其他人们"区别开来的做法可以追溯到古代埃及,然而将这种标准在世界人群中成体系地运用则是在新航路开辟之后,是世界各地人们的讯息大量增加后的事情。最早的分类方法是1684年法国人弗朗索瓦·贝尼耶(François Bernier)提出的,包括欧洲人(包括南亚)、非洲人、亚洲人(南亚以外的)、拉普人(Lappalainen)。贝尼耶以旅行者的记录为根据来思考这些分类,这时"人种"(race)一词虽然已经开始使用,但美洲大陆的原住民还没有被包括于其中。(寺田 1985:932—933、Winthrop 1991:227—228)

1781年布路门巴赫(Johann Friedrich Blumenbach)以皮肤的颜色与头盖骨的形状为基础,提出将世界人种分为高加索人(欧洲以及亚细亚系的南亚人)、蒙古人、埃塞俄比亚人(撒哈拉沙漠以南的黑人)、美洲人、马来人(东南亚以及太平洋诸岛居民)5类。包括"高加索人(其后按分类所述为高加索)"这一问题类型在内,将世界人群以白、黄、黑、红皮肤颜色来划分人种的理念成为后来人种研究的发端。(寺田、Winthrop:前书)

19世纪尼安德特人、爪哇猿人等人骨化石被发现,随着人们对更高级科学方法的期待,以客观指标对世界人类进行分类的研究也更进了一步。研究者将包括化石人种在内的世界民族样本进行了测量比较,涉及皮肤颜色与头盖骨形态(特别是头盖骨从上部观察的前后长度与左右宽度的比率)以及头发形状、眼睛、鼻、唇、身高、四肢的长度、血型等各式各样的身体特征数据。人种类型在20世纪初得以基本确立。其后的人种研究(或是研究人类生物特征的自然人类学)重点转向了形体获得的遗传学阐释和人种之间遗传基因的比较。

这种以颜色与形状展示的各种人种身体部位的典型特征所诠释的只不过是统计学上的频繁值。因为人类在世界居住范围扩大,各人种的很多身体特征是为适应不同环境而产生变异,只有血液与疾病是单纯由遗传所决定的。作为生物的人类从属于同一物种,与任何人种之间都能繁衍后代。由于混血经常会产生中间形,所以在人种间设定严密界限几乎是不可能的。

然而将人身体特征中非常有限的形体差异与本来毫不相干的人的能力与智力联系起来,再由于文化的差异常常与人种指标混同在一起,从而造成了人种概念不幸的历史。

对黑人的歧视是基于前者，对犹太人的歧视则是基于后者，都是些毫无科学根据的内容。

然而正是因为这种误解误用，使得人种概念在19世纪至20世纪中期作为将人群分隔开来的词语经常与民族（nation）并列在一起使用。人种概念在民族主义（nationalism）的民族鼓舞与振奋国威的文字中被重视，还为殖民统治的居民管理框架所利用。人种概念的使用让人觉得应该慎重是在见证过纳粹德国对犹太人的暴行之后的事情。

三、德国的"volk"概念

刚才已经谈到，英语"folk"在日语中与"民族"相比，与"民众"意思更为接近。"folk"的词源德语"volk"一词，特别是在19世纪之后更经常以"民族"意思来表示。德语"volk"与已经在第2章中述及的19世纪德国民族主义浪潮，以及与民族主义浪潮联系着的浪漫主义式的对过去的诉求有一定关联。

"volk"该词原意为"人们"。中世纪时，以"民族"

或者"（神的）仆人"意思来使用。第1章介绍过的18世纪德国的文化史学家赫尔德赋予"volk"以重要位置。赫尔德在他的著作《人类历史哲学的构想》一书中阐述了"最自然的政治体制，是包含具备国民性格的一个'volk'的想法"（Winthrop 1991：125）。

费希特、黑格尔等人的德国历史哲学认为，一个民族不论社会环境如何变化，长期共通的超越个体的民族的内在固有精神，是通过语言、音乐、民谣、风俗习惯、习惯法等作为创造源泉的"民族精神"（volksgeist）来进行探讨的，这已经在第6章萨庇亚的部分介绍过了。为了探寻那种民族精神流露的创造物，证明自过去以来一直持续着的民族一体性，伴随着民族主义（nationalism）热忱的还有法学家的日耳曼习惯法研究，格林兄弟（Jacob and Wilhelm Grimm）民谣搜集等工作的开展。这样经过了19世纪的发展，德语的"volk"成为与日语中的"民族"极为接近的概念。

随着德国"volk"概念的发展，英国的"folk"也在19世纪中成为具有"不知名的、没有读写能力的、乡下的、固守原有的文化，具有民族的本性，甘愿于社会的从属性地位"特定意义的词语。(前书：124)然而在英国，该词语未能像德国那样向民族一体感的方向发展，而是与具有"大众的"意味的"popular"一词的衍生含义混杂在一起，与近代城市工人阶级间广泛传播的"大众的"歌谣、读物相反，经常以农村人继承而来的"民众的"歌曲（民谣）以及民间故事（民间传说）的语气而使用。(Williams 2002：132—133)像第4章中详细讨论的那样，19世纪英国的情形与如何应对工业文明所带来的知识分子与劳动人民，城市与农村之间的差距问题紧密联系到了一起。与此相对应19世纪德国所面对的是，与法国文明相对抗的德国文化这样一种结构。

在与日本同样为文明化的后起之国德国，与日本"民族"概念相同的"volk"的形成则是件非常有趣的事情。同日本"nation"被分别译为"国民"与"民族"一样，德国统一的进程中同样也是"volk"与法国传来的"nation"分开使用着的。拿破仑占领下费希特的《告德国国民书》演讲是德国民族主义（nationalism）起点之一，从此朝着建立统一的德国这一未来国家的国民（nation）前进。所追寻的母体则是共同拥有古日耳曼文化的自己民族（volk）。

民族主义包含着的未来理想与过去理想的共存与相互关系，在"nation"概念与"volk"概念两轮齐驱前行的德国，能看得格外清晰。

还有在19世纪英国开始的民众研究（folklore），在明治时代被介绍到日本后成为民俗学。柳田国男将它的对象"folk"定义为"常民"。像英国的"folk"那样，柳田所说的"常民"设定的也是农民。这个"常民"概念，之后也仅限民俗学界内部使用，没能成为社会一般通行的概念，日本是由"nation"译词之一的"民族"来担当着德国"volk"概念的作用。

四、20世纪英国社会人类学的"部族"概念

将特定民族的原有的共通文化生活样式、社会形态的实地研究约定俗成化的，是20世纪前半期在英国得到发展的社会人类学。社会人类学的主要调查对象是当时英国殖民地，撒哈拉以南的非洲黑人各族与印度的少数民族，那些尚未形成完整国家的大多数是规模比较小的民族，这些人群经群体概念化后的名称就是"部族"。

英语的"tribe"是 13 世纪时从原意为血缘集团的拉丁语"tribus"引入的，16 世纪时意义扩大，使用含义成为与"民族"接近的词。19 世纪英国倾向于非洲研究时，美国人类学却专注于基于血缘组成的"氏族"这一概念。那是由于 19 世纪末时社会内部阶层尚未分化，研究意义只能放在具有文化固有性，以亲属关系为基础构成社会的人的集合之上。（Winthrop 1991：307—308）

这种被概念化的部族与部族社会成为 20 世纪英国社会人类学的中心研究对象，实地调查以非洲殖民地为中心集中进行，在兴趣问题与方法论方面集中积累了大量的研究成果。

然而这种设想的"部族"是由亲属关系构成的小型规模的集合，文化、社会上都是均匀的，而且研究重点在于解释社会集合组合及其维持的结构方面。亦是这种原因，它在人类学这一学科领域的确立过程中发挥了很大的功用，但也被批评为部族社会的研究与现代世界相隔绝（除此之外，研究者之间往往也为此而争论），部族概念未能像德国"volk"概念和英国"folk"概念那样成为与时代密切相关的课题。

五、20世纪70年代美国的族群论

20世纪60年代之后距离现代世界不远的美国，黑人民权运动、印第安的原住民运动的活跃使得现代社会中的民族差异再次成为社会问题。特定的民族集团以外，白人与黑人、印第安人后裔以及亚裔与拉美裔的移民混居的美国现代社会中，由民族归属与民族差异带来的各种社会问题更为人们所关心。

20世纪70年代美国的人类学、社会学、政治学等领域围绕多民族社会的讨论络绎不绝。"ethnicity"是由"民族的"意思"ethnic"派生而来的名词，具有"民族性"或"民族归属"的含义，是20世纪后半期创制出的新词。作为其词源的形容词"ethnic"是由意为"具有共通习惯的人们"的希腊语"ethnos"于15世纪时被引入英语的，原意是非信仰基督教与犹太教的民族。更广范围中使用"特定的人种或有特点的民族"意思则是19世纪之后的事情了。（前书：94）

族群论的焦点，不在于民族的集合，而在于个人的民族归属。个人以何种方式而成就特定民族归属意识，和以何种内容为凭据来认定某人为特定的民族成员的争论围绕着两种主要的论点展开。一种被称之为"原生主义"（primordialism），另一种被称之为是"工具主义"（instrumentalism），简单而言就是牵绊还是选择。

六、格尔茨的"原生的纽带"论

"原生主义"观点来源于美国人类学家克利福德·格尔茨于1963年发表的《统合的革命——新兴国家中的本源感情与市民政治》的论文。该论文最初并非是以民族概念与民族集合作为探讨对象，而是以第二次世界大战后独立的亚非诸国中经常看到的国家运营艰难，从王国与殖民地统治的桎梏下解放出来、建立近代国家的欲求与该国领土之内存在诸多血缘关系、语言、宗教等忠诚于"原生的纽带"（primordial attachments）的因素而相互倾轧的角度开始论述的内容。

> 原生的纽带，是从社会存在的"必要条件"……

中产生的内容，主要意指直接接触和血缘关系，此外先赋性还指出生于特定的宗教集团，由于特定的语言、环境而使用同一种方言，以及遵循特定的社会习俗所带来的内容。仅仅只是血缘、语言、习惯等东西相同，会产生一种难以言状，并时常具有一种压倒性的强制力。……这种原生纽带的普遍维系力，以及其重要类型的序列，依人、社会、时代的不同而相异。但是基本上对于每一个人、每一个社会、每一个时代的某种归属感与其说是从社会相互作用中产生，不如是源于某种自然的……亲近感。(Geertz 1987: 118—119)

格尔茨将这种由"原生的纽带"联结而成的人们的亲近感以"原生的感情"(primordial sentiments)来表达。虽然说日语的"民族"中已经包含了这种东西，但"本源的感情"存在于民族这一集合的深层处的观点，与其说是格尔茨的独创，不如说只是总结了包括人类学家在内的，一般人们的常识性的看法。对于格尔茨这样的学者来说，只是将人们的看法毫无批判地吸收，这样的立论稍显幼稚。

然而，将战后成立的多民族国家所面临的课题以这种明快的方式来定义的这篇论文，在冷战持续紧张的气氛之下，给予对新兴国家举动抱有兴趣的人们以巨大的影响力，之后从原生的纽带和原生的感情出发来论述多民族社会的学者们也借此被称呼为原生论者。

七、巴特的族界理论

最初提出民族归属的工具主义观点的是在挪威长大、曾在英国与美国学习的人类学家弗雷德里克·巴特（Fredrik Barth），他在1969年编纂的论文集《族群与边界：文化和差别的社会组织》的序言里对这一理论进行了阐述。他所阐述的内容颠覆了之前原生式的民族获取方式，而认为民族归属是依据情况通过操纵来决定的。

巴特提出的是，赋予民族集合的东西并非从外部来取得，而是从发生的侧面，关键在于一个民族的集合经过何种过程而产生、维系。民族集合的根本点在何处，集合中的人是如何被整合的，之前主要将兴趣放在集合内部的论述方式是不充分的。取而代之的是关注民族之间的边界与维系方法，进一步有必要探寻人们在该边界之上以何种理由来决定自己的归属。

对于发生民族接触，过去简单的思考方式是，要么双方融合至一起，要么一方被另一方所吸收，巴特则认为，即使经过民族接触，文化差异依然存在。一个民族所具备的文化，相比起赋予，更应看成是与其他民族相互接触，结果所造就的东西。所处位置在民族边界的人即使有一部分人想更改自己的所属，或者即使表现民族集合的内容（语言、宗教、服饰等）与他民族接触或交涉时有所变化，该民族边界仍有可能继续维系。

> 首先民族集团是指自认为是该成员的人们（the actors）的归属与认同的分类，从而可以强调人们之间的相互行为特征具有组织性。（Barth 1969：10）

> 民族分类已经将文化差异考虑进去了，重要的是不能将民族单位与文化的同一性与差异之间简单看成是单纯一对一的关系。这样考虑是因为，当事人们（the actors）才是重要的认同特征，而不是"客观的"差异总体。（前书：14）

维持民族边界，使民族单位得以维系的决定性因素，不是从外部能看到的"客观的"差异，而是当事人们的归属意识。由于设想因为这种归属才有了价值观与判断标准的共享（或者非共享），从而使人们有了组织化的相互行为。

> 将另外一个人认同为同一个民族的成员，意味着（自己与那个人）共同拥有价值观与判断的标准。……另一方面，将一群人作为另类，作为别的民族集团成员（与自己）来对置，意味着共通理解的边界、价值判断与行为标准的差异，以及共同理解与相互关心，所设想的领域中的相互行为的限制。（前书：15）

巴特认为在复合型民族社会中民族认同所产生的行为制约，是以性别与身份为基础的绝对的内容。同一民族集团成员间的相互行为，与别的民族集团成员间的相互行为之间产生差异，价值标准的不同认识被固定化之后则出现民族边界。简单区别两个民族的不同而表现出的文化差异的边界，对于该民族来讲并非原生的内容，而只是之后附加上去的可以肆意变动的说明。

巴特的民族境界论从假设不同价值标准的人们接触、共同生活时的交往行为开始说起，是彻底的行为论，归根结底在于对民族原生式说明的怀疑。巴特自己在序文中虽然没有用这种措辞，这种立场归根到底在讲民族归属简直就像可操作的，给自己带来便利的工具，从而有了民族概念工具主义的说明。巴特在该论文集中收集的论文事例以古典的民族接触事例为主，白人、黑人、原住民、移民相邻而居的美国城市地区，以及随着少数民族政策推行，民族归属的谎报等场景给工具主义的观点增添了更多的现实意味。那种现代状况中的民族归属问题，使得很久以来常识性的民族概念的再次考证与修订工作迫在眉睫。

八、汤拜耶的民族国家主义论

巴特的族界理论以及引发的族性（ethnicity）的工具主义观点，都专注于民族间的边界中的人如何确定自己归属。但是，这是以几个民族间边界已经存在为前提。

工具主义论者将所认为的民族归属任意性考虑到其中，把语言、宗教等举出来作为与其他差异化的表象，这些关注于民族集合实在化过程的观点也随之出现。其中所提到的语言与宗教不是被赋予的,而是随意选择与拟定的观点与原生主义的说明相异,被称作是建构主义的观点。

斯里兰卡出身的美国人类学家斯坦利·汤拜耶(Stanley Tambiah),基于族性论的开展基础之上,提出如下民族身份认同(ethnic identity)的定义:

> 民族身份认同(ethnic identity)是将肤色、语言、宗教,以及所居住的土地等属性作为实在化、一目了然的内容,进一步将由那些特征产生的属性,以神话的、历史的遗产赋予该集团成员,作为有意识的理所当然的认同内容。这个定义的核心是遗产、祖先、子孙、发祥地、亲属理念,其中的一种或者几种的组合,依据当时的情况以及当事者的考量而被特别给予强调。然而尽管是这样,我依然认为有民族集团相互交流,将新成员同化,依据状况而改变民族观念认同尺度标准的证据。……结果进而可以说成是两种相互缠绕过程形成二重螺旋形状的族性。一种是资质与属性作为一个集团的永远的所有物,实在化、具体化的过程。

资质与属性通过宣示被神话化的历史昭示、血与种的同质性而获得实在感。接着另一种是双方互相补充的过程：分隔民族成员的分界线常常是柔和且容易变动，其依据历史境况和政治经济的机遇存在且发生变化，反复扩大或者缩小。(Tambiah 1993：56—57)

汤拜耶的这种定义并非是现在能被接受的唯一东西，但他将之前的族性论的主要观点均衡和整合，或许这是许多人认为恰当的原因。

以这种观点为基础，针对如何思考处理当今世界各地涌现的民族问题，汤拜耶提出了如下两个提案。

最应该清楚的不是民族想法和感情是如何被建构的，而是这种当然的根本的感情是如何通过社会化的参与，将我们的心与身体写入或烙上思想与感情模式的这种过程。(前书：58)

通过社会实践，活生生感受这种族群意识的人们通过各种言语交流和形象，在政治的舞台与场景中举行选举示威游行或是叛乱抵抗运动。第二点应该探寻

的是以刚才的第一点为前提,解释人们如何被动员起来而成为大众与集团的过程。(前书:59)

汤拜耶在20世纪90年代初发表这篇论文时,苏联解体,南斯拉夫内战爆发,他的出生地斯里兰卡也陷入民族纷争的泥潭,民族问题在当时成为世界性的迫在眉睫的难题。正如他论文标题的"民族国家主义"(ethno-nationalism)一样,让人联想到19世纪民族主义时代的再现。世界社会规模变动的大事件,再加上后来欧洲各国复杂的移民问题,造就的状况直至今日仍不见好转。

九、面对民族问题

人与人的相互交往中,自己与对方之间价值观与行为方式上存在差异,我们都有这种日常生活上的体会。如果我们将这种行为方式理解成对方的个性就可以忍让,但为什么这种差异作为人种与民族的分类后就会发展成暴力冲突呢?汤拜耶指出关于民族与族性尚未解答的内容就是这一点,这与第3章所探讨的民族主义情感号召力的方面是同一个问题。

为何人种概念与民族概念有着如此强烈的情感感召力呢？归根结底在于这个概念的根本所在是血缘与婚姻的联系所带来的亲缘意识。例如像灵长类动物学家山极寿一所讲的那样，从外部保护亲缘与同伴的冲动根源有必要从与动物行动比较的角度来探讨。山极将看到的灵长类动物的暴力行为与人类所进行的战争与杀人严格区别的同时，也通过灵长类的多样的社会（群体）生存方式、所产生的生态环境、猎食行动，以及性行动、亲子关系做详细综合性的探讨，来探寻人类特征的家族、小型社会到社会的演进过程（山极：2007）。山极也参考了采集渔猎民的民族志，特别是农耕出现之后，小型社会规模扩大，从土地私有开始，集团界限也开始明朗化，暴力冲突也急速增加。"为何难逃大量杀戮的残酷战争发生在人类之间，我认为那是由于语言的出现与土地的私有，使得与已故之人的相关联的新型认同观的形成成为可能。"（前书：222）山极的这一观点今后还值得深入探讨，然而国家（nation）与人种、民族这一近代产生的范畴，毫无疑问是近代以来集团之间暴力冲突急速扩大的根源之一。

第九章　文化研究

一、文化研究的形成与开展

日本已有许多与文化研究相关的介绍书籍，吉见俊哉、上野俊哉、毛利嘉孝等人就文化研究的形成经过、研究对象，以及独特的分析视点进行了简洁而翔实的介绍。文化研究是以文化的哪些方面为亮点的学科呢，本章将以此为中心进行考察。

文化研究得名的一系列研究发起点是第4章介绍的威廉斯的《文化与社会》（1958年初版），与之前一年出版的，后来成为伯明翰大学现代文化研究中心（1964年设立）第一任所长的理查德·霍加特（Richard Hoggart）的《识字的用途》，这已经成为共识。

以要倡导者 F. R. 李维斯（Frank Raymond Leavis）为首的文艺批评家们以 1930 年代创刊的杂志《细绎》（*Scrutiny*）季刊为阵地开展了一系列大众文化批判，成为后来文化研究的前身。他们对大众读物、杂志、花边新闻，好莱坞电影这些大众娱乐媒体做分析，在批判这种低俗性内容的普及会导致英国传统文化衰退的同时，也向大众诉说提高修养教育的必要性。

李维斯等人所持的基本立场是 19 世纪阿诺德的"文化 = 教养"的理念，他们从精英主义的立场出发，对近代之前的英国传统生活表达了追慕之情。他们将随着近代扩延被大众文化所排挤出的东西清晰地定位为工人阶级文化，其中描绘出内涵与现在所处景况的是霍加特的《识字的用途》。

二、霍加特的《识字的用途》

霍加特诉诸于世的《识字的用途》是将之前被精英人士们否定了文化价值的英国工人们的行为样式与价值观作为一种文化而给予正面评价的第一本系统书籍。

> 在工人阶级中生活，到如今融入各种生活之中的一种文化，从某一个角度讲，这种文化与上层阶级的文化大致一样，属于被模式化、形式化的文化。（Hoggart 1974：32）

像第4章最后部分所举的威廉斯的结论那样，霍加特也承认在英国社会中上层阶级与工人阶级存在两种不同的文化。这里所说的"文化"是指构成英国这一整体国家或者社会的一部分，即只是占文化整体一部分中的亚文化（sub-culture）。

霍加特自己也出生、成长在工人家庭，他将自己的体验掺杂入其中，所描绘出的工人阶级的生活与行为方式，在受大众文化侵袭的当时，还保留着传统的架构与价值观。

> 工人阶级的人群中，正规的、地方的、个人的、共同体的生活形式究竟还留存多少内容呢？谈话以及文化的各种形态（工人俱乐部、歌唱法、金属乐队、旧式杂志、飞镖、多米诺等，几个人玩的集体游

戏等）在每一天所展现的生活态度中残留着。结婚与家庭具有我们想象不到的重要性。宽容的理念经常延伸至无法区分的地步，但与其说是弱点，不如说是作为强烈的仁爱之心在很多方面都起到了很大的作用。（前书：254）

另一方面，最新的大众娱乐快速渗透，但还没有到与传统的生活分庭抗礼的程度。

> 也就是说，之前被称作是"有点旧"的态度，与将要探讨的"有点新"的态度，在同一时间，同一群人中共存着。态度的变化通过社会生活的多个方面，渐渐地、一点点地渗透开来。新的态度被已有的态度所整合，经过多次细微地观察之后，发现这种"有点旧"的表现只是以新的形式表现出来的罢了。（前书：140）

从而霍加特继承了"工业社会的到来导致传统文化的衰退"这一英国19世纪以来的问题意识，思考这种问题意识在现在所看到的工人阶级的生活与活动方式中的定位。近代特别带给人文化层面的东西，作为现在进行中的实实在在的问题而考虑的态度，可以说成为之后文化研究中经常被提起的基本态度。

霍加特与威廉斯的研究激发了后来的研究者们，他们以报纸杂志、电影、流行音乐等大众文化，或者工人、年轻人等亚文化为研究对象投入精力开展研究，文化研究的潮流也随之在世界中蔓延。文化研究发展的过程在这里不加赘述，之后要介绍的不仅是与文化研究问题意识所密切相关的内容，也介绍一些对文化研究的发展过程给予了巨大影响的几个人的思考。

三、霍克海默与阿德诺的《启蒙辩证法》

担忧大众娱乐的普及导致修养文化凋敝的，并不只是英国的知识分子。第一次世界大战之后以德国法兰克福大学社会研究所为基地开展理论批判的霍克海默（Max Horkheimer）与阿德诺（Theodor W. Adorno），因纳粹迫害逃至美国后，发表了对近代衍生物归宿的批判性论著《启蒙辩证法》①（1944年成稿，1947年初版）。

近代即是启蒙的时代。"启蒙"的词源是英文的"enlightenment"，意指"映光看"，意思即是被愚昧、迷信所笼罩着的无法看到的东西，受到理性光芒照耀而看到了（知道了）。18世纪的文化、文明概念也与启蒙意思相吻合。

> 有史以来最广阔意义上来说的启蒙——进步思想所追求的目标是排除人的恐惧，维护人的主宰地位。其中被启蒙的地域无一例外都闪烁着自鸣得意的凶兆。启蒙的程序是从巫术中解放而来的。戳穿神话，用知识来击落空洞的权威，这是启蒙的意图真正所在。（Horkheimer & Adorno 2007：23）

以人类解放为目标的启蒙结局，为何结果却带来不祥之兆呢？与巫术与迷信后撤的步调相随，理性的力量无止境地扩张，人与自然随之最终被这种理性所掌控。从而赋予身体力量的知识不仅带来了控制资本与劳动资本主义经

---
① 中文版本有《启蒙辩证法：哲学断片》，渠敬东、曹卫东译，上海人民出版社2006年版。——译者注

济出现，也控制了思想与世界观"具有各种各样形象的多样性，位置被抽象为排列，历史抽象为事实，各种事物抽象为物质"（前书：29）。从而

> 只有实在化的东西才被认为是正确的，认识受反复所限，思考也仅是同样的反复。思考这一机器越是想役使存在的东西，越是只能盲目满足现有人的再生产问题。与此同时，启蒙转向了神话诠释。原因在于神话最初就是以各种各样的形态将现有东西的本质，即世界的循环、命运以及统治，以真理形象而展现的，从而也灭绝了希望。（前书：62）

霍克海默与阿德诺所依据的背景是在他们的出生地德国和欧洲发生的，作为近代化的历程和结局的世界大战。启蒙主义唤起了法国大革命、扩张运动，以及与这些所对抗的民族主义暴力，最终引起了第一次世界大战。战败国德国在魏玛体制下只稍享了一点和平间隙，就又被纳粹掌握政权，推向了第二次世界大战。

从纳粹统治下逃离、亡命美国的霍克海默与阿德诺，

对在美国"文化产业"中看到的近代带给人类的疏离感，机械的合理化造成社会文化状况抽象化的情况，给予了毫不留情的批判。

> 今天，所有的文化都被加上了相似的烙印。电影、广播、杂志构成一个体系。……所有的大众文化在垄断态势下趋于同质，大众文化的空壳，即由于垄断大量造就的空洞概念，开始展现本来的面目。（前书：251—252）
>
> 文化产业的改良，完全是在改进专业大量生产方式的过程中形成的，对于体制来讲是根本的。无数消费者兴趣随着这种反复而空洞化，不是在未成形的作品内容方面，而是在和技术紧密结合在一起的内容方面也不是不可挑剔。观众们所崇拜的社会力量，与不得不由腐朽的意识形态的一系列作品内容代言相比，更是要在由技术而开创的大规模固定制造模式泛滥中清楚地证明自己。（前书：280—281）

这种彻底的近代批判、大众文化批判，是在考虑到近代这一时代的特性,以及其中生活的人们的情况,去除由在第二次世界大战中进行中的逃亡的犹太人思想家们所构想的内容之后,所提出的一种根本性的视角。

四、瓦尔特·本雅明的《机械复制时代的艺术作品》[①]

对于从事文化研究的研究者们来说,与霍克海默和阿德诺交好,有自己独立思想的德国犹太裔思想家本雅明(Walter Benjamin),也是丰富的思想源泉。

本雅明为人引用最多的论文是《机械复制时代的艺术作品》(首发版为1936年的法语版)。本雅明将考察的视角聚焦于以19世纪中期照片的发明,和20世纪后成熟的电影为代表的复制技术普及。这一技术通常也被认为是能表现近代这一特征的典型内容。复制技术时代的到来所带来的,是从前艺术作品所附着的"光晕(aura)"的丧失。

    无论如何完美的再造,总欠缺着一点内容。艺

---

① 中文版本有《机械复制时代的艺术品》,王才勇译,中国城市出版社2002年版;许绮玲、林志明译,广西师范大学出版社2008年版。——译者注

作品所具有的性质（现在—此处）——它在所在的空间处，只存在一次的性质。……

原本所具有（现在—此处）的性质，塑造了原本的真实性的概念。接着另外一方面是，该对象迄今为止作为同一样东西传达来的一种传统，这种思考方式是真实性成立的基础。

一种事物的真实性在于，该事物中包含概括了从源头传承来的全部。这使得该种事物从物质上得以存续，也包含着历史的公证力。后者历史的公证力是基于前者物质的存续，物质的存续不依托于人而复制，使得对事物的历史公证力也发生了动摇。当然动摇的只是历史的公证力而已。然而那样的话所动摇的东西，即是事物的权威性和传统的重要性。

将这种特征用"aura"的概念来做总结，这样可以来表达，在技术上能够复制的时代中艺术作品所丧失的东西，正是艺术作品的"aura"。(Benjamin 1995：588—590)

本雅明对近代文化艺术状况的理解，与批判文化产业的大量生产方式所带来后果的霍克海默与阿德诺的观点有相通之处。然而本雅明不只是因为哀叹"aura"的丧失而批评复制技术。他还把目光投向了复制技术所带来的新内容上。新内容不仅仅是停留在新的艺术形式上,而是新鲜的知觉上。

> 例如照片上的技术复制,原本包含的各个方面中,可以调整位置,自由选择视角,将镜头拉近,能够强调人眼所不及的方面。或者使用放大、慢镜头的摄像手法,可以记录一些自然视觉完全达不到的影像。……加上技术的复制能第二次将原本的图像,带到原本所达不到的景况中。特别是通过技术的复制,使原件更能贴近观赏者……(前书:589)

知觉的变化与人类社会的变化是相随的。原因是通过技术的复制,让肉眼看不到的东西被看见,或者"所有给予事态的所有单次性质,通过允许事态复制的方式而进行克服"的情形(前书:591—593),正是大众热切期望的内容。这种围绕复制技术的本雅明的总结,凸显出了近代社会的状态与其中生活的人的特性。

> 最古老的艺术作品……是在仪礼形式中形成的。……"天性"的艺术作品无与伦比的价值，常常根植于仪礼之中。……但艺术生产中，真实性这种标准失效的瞬间中，艺术的整个社会功能就发生了很大的变化。艺术由以仪礼为基础，随之成为以政治为基础。（前书：594—595）

最后出现政治的地方可能让人感觉有些突兀，但对于从纳粹统治下逃亡后，在巴黎过着亡命生活的本雅明来说，纳粹操纵影像来做政治宣传的方式使他深切感受到了具有近代特征的生活状态。论文中这样总结："这是法西斯主义中政治唯美主义化的实在表现。与法西斯主义相对的共产主义则是用艺术的政治化来做回应。"（前书：629）

精读本雅明该论著的多木浩二，从原文所做的注释中读出了与艺术的政治化这一归纳的结果不同的，本雅明所暗示的另一方向。（多木2000：107—109）那即是他洞察到，当艺术作品中的"aura"丧失时即呈现出游戏空间，本雅明从电影观众的体验来论述这一问题。本雅明的思考来自于之前霍克海默与阿德诺未完的一边倒批判,成为今天能反复参详近代内容的经典。

五、葛兰西的"主导权论"

文化研究论者们从马克思主义思想中吸取了很多东西。围绕第二次世界大战前病死的意大利共产党活动家安东尼奥·葛兰西(Antonio Gramsci)所留下的"主导权"概念进行的研究就是其中的一个方面。

葛兰西所设想的"主导权"不止是政治上的霸权。"主导权"不只是对政治权力的服从,而且包括同意或支持政治上建立国家的要素。也就是说如果不考虑价值观、理念等文化层面内容的话,将不能掌握一个国家的主导权。参与创建意大利共产党的葛兰西担任过总书记,与法西斯政权进行斗争,被关了 10 年,在狱中他构思了独创的政治思想。他的政治思想不只是像俄国革命那样通过暴力方式夺取政权,而是通过文化领域的主导权争夺而掌握霸权。

葛兰西认为国家是由政府和市民社会组成的。这个

"市民社会"虽是在国家控制之下，但仍有可能在容许范围之内自由地发言。所以如果国家不能极权主义式地掌握所有的权力，则不仅是有关主导权的政治经济方面，文化道德方面也是政府与市民社会之间开展斗争的领域。文化方面的斗争场所主要是教育与传媒。

> 无论何种国家都是伦理式的。也即是说，比较重要的功能之一是，特定的文化、道德的水平，即发展生产力的必要性，是基于与统治阶级的利害相宜的水平（或者类型）来提高广泛的人民大众。从这层意义上讲，积极教育功能的学校，与压制的、消极式教育功能的法庭是最为重要的国家职能。但现实中，其他各种各样的个人主动权、个人的活动也以形成统治阶级的政治的、文化的主导权装置为目标。（Gramsci 2001：159）

学校与法庭虽然也是国家所辖的机关，但并非像警察与军队那样在直接的领导之下，从而有信仰各种各样主义的人得以参与到其中的活动空间。从而，只要认同一定的自由，在那些场所以主义信仰来战斗的话，仍有可能使信仰得以普及。

相对开放的论争领域是媒体，葛兰西从"舆论"这一观点出发对媒体进行研究。

> 被称之为"舆论"的内容与政治主导权紧密连接在一起。即舆论是"市民社会"与"政治社会"之间，同意与强制之间的衔结点。国家在采取一些难以得到支持的行动之时，事先会制造一些适当的舆论。即将市民社会的一种要素组织集中起来。……今天所被理解的舆论，是在专制主义国家覆灭前夜，即新的小资产阶级为了获得政治上的主导权及权力而战斗的时代中产生的。
>
> 舆论是在有可能产生不一致状况下的公共政治意志的政治内容。从而存在着为了垄断新闻、政党、议会这些舆论机关的斗争。为了塑造国民的政治意志，这些舆论机关中的一种势力将不一致的舆论贬损为个别的、无组织的。（前书：281—282）

这种葛兰西的总结与文化研究的兴趣相关。特别是传媒论与大众文化论都频繁地提及了葛兰西的主导权论。

六、阿尔都塞的"国家意识形态机器"论

法国哲学家阿尔都塞（Louis Pierre Althusser）将葛兰西先验式的观察以马克思理论为基础系统化。阿尔都塞援引"使得社会持续，包括劳动力在内的各种生产条件的再生产是不可或缺的"这一马克思的观点，将葛兰西所构想的国家与主导权的结构式定义为如下的内容。

> 劳动力的再生产，不仅是对劳动力资格再生产的要求，同时也是对现有秩序的各种规则服从的再生产，即对于劳动者来说，对服从于所支配的意识形态的再生产，以及对于榨取、压迫的担当者而言，他们为了保证统治阶级的统治（依靠语言），有必要对巧妙的支配意识形态的能力进行再生产。（Althusser 1993：18）

阿尔都塞对马克思的国家理论进行探讨，除了马克思所指出的与国家权力相区别的国家机器（警察与军队那样压制性的）的重要性之外，增添了不经由暴力，担当意识形态方面管理的"意识形态机器"的存在与重要性。"意识形态机器"有学校，教会那样的宗教制度，或者家属与亲属集团、政党、行会、报纸、电视等媒体，艺术、体育等文化团体。压制性的装置属于公共领域，而意识形态机器的大部分属于私人领域。警察与军队通过暴力手段进行压制，学校与教会通过意识形态进行"调教"。

> 仅就我们所知，无论何种阶级，或经由国家的意识形态机器，或在其中，只要不是同时行使主导权，就不能永久地掌握国家权力。（前书：41）

所以国家意识形态的各种机器，不仅是阶级斗争的获得目标，也正是"阶级斗争的场所"。这种意识形态的各种机器，不像警察、军队这些压制性装置那样，能简单放至国家的支配之下。意识形态机器存在着矛盾与论争，另外依据国家规制具有不同程度的差异，从而给个人与群体留有表明自己主张的手段与机

会。(前书：41—42)

中世纪的欧洲中，教会是主要的意识形态机器。近代的资本主义社会中占支配性地位的意识形态机器，阿尔都塞认为是学校。

这里所说的意识形态是属于马克思所说的上层建筑中的观念、思想体系，换言之则是构成一个国家或者地区社会文化方面的内容。阿尔都塞的理论认为这种意识形态不是在无意识地继承中得到的，而是非常有意识地植入的，是被操纵了之后而获得的。这也是文化研究者们所共用的文化攫取之法。

七、威利斯的《哈玛小镇的野孩子们》

威利斯（Paul Willis）继承了葛兰西与阿尔都塞将学校看作文化斗争的重要场所的观点，并继承了对工人阶级文化系统化的霍加特的问题意识，他对工人的子弟们在学校的行为进行观察分析。在此基础上，他成为文化研究初期代表性学者，这一地位是1977年出版的《哈玛小镇的野孩子们》所展示出来的。

威利斯问题设定的出发点是，工人阶级的孩子们为何努力要从事父亲们的工种呢？如果说霍加特是在捕捉已有的工人文化的话，威利斯则是把兴趣点放在如何继承方面。他的观察对象是上学的、工人们的，特别是"落伍的"孩子们。

> "落伍的"工人阶级的学生们，对于中产阶级的劣等生，以及工人阶级的优等生们遴选剩下的职位，并不是像拾麦穗那样的无可奈何。……在工人阶级文化是"落伍"的那种认识下，工人阶级文化与其他社会阶级的文化是完全绝缘着的。这种文化是指被拘束于特定状况之下，具有自己独特的活动方式与固有的概念，对于想出人头地的人们，具备自己的说明理论。……这套理论是指，在特定的时点时不得不做特定的"选择"与"判断"，在社会关系的组织网络中的投机经验中形成的。另外作为这样的东西在能被知晓的形式下为现实中体验的"选项"与它的含义建立秩序。（Willis 1996：14—15）

那种"选择",即为工作所做的决断的准备,正是在上学的这段时间中进行的。

> 我认为,将自己的发展未来设定为体力劳动的人,现实中使得其决心选择手工劳动的是一个特殊的环境,即工人阶级的学生们形成的反学校文化。在这种特别的环境中,工人阶级固有的问题意识,投射到一个个孩子和学生小团体的意识中,诚然,通过学校生活这种特殊的三棱镜……工人阶级的孩子们,在这里经过历练,与超越学校的、广阔的阶级文化相连,加上独自的解释,继承、发展了这种基础意识。接着沿着这种导向,最终选择成为一种特定的职业种群。(前书:17)

在这种假设的基础之上,威利斯在对学校学生们的行动进行观察,以及对学生、老师、学生家长们的丰富访谈材料的基础上,详细描绘出了"落伍的"学生们的反学校文化。这种文化的特点是对权威的反抗、对权威顺从者的排挤,形成伙伴小团体,钻学校制度空子来获得小团体特有的时间与空间，热衷于嘲讽、酒、烟、暴力行为等，或者是显示与异性交往时的优越感以及对旁人的优越感。

接着威利斯指出这种"落伍的"学生们的反学校文化与父辈的工人阶级文化有一定的相通性。这种相通性是指男尊女卑的风气，通过体力劳动可以掌控的自负，劳动伙伴的形成，独特的说话方式，相对于知识更重视实践。这种"对学校的反抗……都是为进入工人阶级身份相符的职场时，体验式的预备训练而存在的"（前书：146），从而工作后他们也能比较顺利地融入职场。

在展示这种反学校文化与工人阶级文化的联系之后，威利斯论述了这种文化在保证工人阶级文化繁衍的另一方面，受反学校文化熏陶的学生被工人阶级所吸收，最终与已有的国家体制相中和，维护更新整体的社会秩序，为社会整体生产方式的持续运转来做贡献。

八、文化批判的探讨

通过学校与教育而做的文化灌输（但是在此是作为教养的高级文化）是19世纪以来英国的文化研究者经常关注

的课题。对于文化的有意灌输，以及对此的抵触方面的关注，不仅只有威利斯一人，而是成为文化研究者们的基础性问题意识。

另一方面在被称作文化研究的研究当中，被霍克海默与阿德诺、本雅明思想所激发，对大众文化以及传播媒体的大众传媒的兴趣也成为重要的研究对象，研究者也投入了精力进行探讨研究。

从而文化研究的主要研究对象是，工人作为一个社会阶层而拥有的阶级文化，与高级文化相对立的大众文化，或者年轻人的青年文化等，这些都是文化整体中的特定部分，即具有设定为亚文化的特征。这些与以特定民族的文化整体为观察对象的文化人类学有着不同的文化探讨法，可以说开辟了文化人类学所未着手的、广阔的文化研究领域。

与那种新领域开拓所并列的文化研究带来的文化探讨法，以对意图与目标方向进行批判地猎取为特征。文化人类学为对象的文化是指当事人无意识中继承了的。用话语表达就是以文化为名称呼的、长期已有的生活方式与思维方式。与此相对应文化研究所举出的文化，无论是工人文化、大众文化，还是学校文化、青年文化，都是程度上有差异但所有人们都有维护的意图,且透过国家与产业界的介入能看到的内容。在文化研究所举出的文化那里,文化与其说是被发现、被命名的内容,不如说是被主张、被操纵、被昭示的内容。与民族文化所不同的亚文化的这种特质,在现代社会中被以文化之名称呼的很多内容都已经得到认可。为这些内容提供解释的文化研究的这种批判性视角,给现代社会中思考文化这种东西,进一步讲给近代状态的思考方面,都提供着不可或缺的研究线索。

第十章 日本的文化概念

一、翻译问题

日本吸收文化概念的过程中还有翻译问题横亘于其中。由于语言系统和语言构造上的不同,加上广义的共通文化基础(例如基督教传统等)的欠缺和由汉字传入开始的长期文化吸收史,翻译问题就是在这个背景中产生的。

之前已经提到过,"文化"是明治时代作为英语"culture"的译词对译而创造的新词。这一时期中针对西方近代的概念创造出了许多新词。

19世纪后期,明治维新前后的三四十年间,日本社会集政府与民间之力将庞大的西方资料译成日文。

这种庞大不单指数量而言，所涉及的学科门类也是包罗万象。从法律体系至科技教科书；从西方地理、历史至国际关系的现状分析；从美国的《独立宣言》至法国美学理论。在这么短的一个时期内，能将这么多即使对于译者文化水平而言也有许多未知概念的重要文献大致正确地翻译完毕，实在是一件值得惊叹甚至几乎相当于奇迹的丰功伟业。明治时代的社会与文化就是建筑在这样一个奇迹般的翻译业绩基础上的（加藤1991：342）。

加藤周一认为使得这种伟业成为现实的两个要素是利用了当时日语中已有的丰富的汉语词汇，以及之前100年间兰学①的经验和积累。

翻译西方文献的翻译家们在翻译过程中遇到了文化概念等其他许多日本传统学问中所没有的重要概念。加藤将当时翻译家们所采用的翻译手法整理为以下四种：首先使用兰学家们的翻译词，其中很多是关于身体部位的医学用

---

① 江户锁国时代日本通过与长崎的荷兰商人交流而获得的西方科学文化知识被统称为兰学。——译者注

语，以及物理、化学元素等自然科学技术性用语；另外翻译借用已有的汉语译词，在这里可以看到"权利"等法律用语；接着看到的是古代汉语的词汇转用，从原有的含义中引申，适当偏离本意，"自由"、"理性"、"意识"等词就属于此；再有就是创制新词。加藤举出西周①的例子来说明新词语的产生："翻译者选择译词时要考虑到西方语源的含义，遵从现有用法的定义以及该译词与其他译词混淆的可能性等。"（前书：361—366）

这样创制出的两字组合词很多，加上译词很难达到与原词通常的翻译含义相一致，以至于这些词汇从日语日常用语中游离开来，而作为非常抽象的概念被沿用至今。

加藤之外，翻译家柳父章也指出了这一点。柳父认为："日语之中音读的汉字字词语，本是起源于他国的词汇。日语中这种残留着异质起源的他国词汇与日语词汇混杂在一起。近代之后的译词中两个汉字的字音词很多，就是因为遵从了这种传统规则"。（柳父1982：187）进而由于这种原因，"比如日本的哲学舍弃、丢掉我们日常生活的意

---

① 西周（1829—1897）日本江户后期至明治初期著名启蒙思想家、教育家。——译者注

义。而从日常普通生活的意义中，重新组合不起哲学这些学问"（前书：124）。就这些事例，柳父从"存在"这一翻译词与它的语源（英语中的being，以及德语中的sein）之间进行了比较论述。

　　翻译、吸收日本没有过的概念成为两字词，所带来的影响并不只是与日常生活的背离。原有词语的语源谱系，以及该概念形成的情景内容也不再能看到了。即像加藤所说的那样，即使翻译者考察了该词的语源之后才创制词，那也只是创制的一方对已完成的结果而接受的一个抽象概念。例如单就译词"文化"而言，只看到文字本身，很难想象它是拉丁语源"耕"这一动词演化而来的词语和概念。确实"文"字有"装饰"的意思，将其"化"后的造词法与18世纪时英法等国的文化概念有相近之处，古典中的"文德教化"也是这种意思。然而不太顾忌原有含义以名词形式传播的话，那就像接受一些日本尚没有的舶来半成品那样。这种情形作为日本接纳外来事物的态度，在历史中一贯可见，在近代各种概念上也没有例外。

二、明治至第二次世界大战的"文化"概念

西川长夫已经详细研究了明治维新前后至第二次世界大战期间内"文化"与"文明"概念的翻译吸收过程（西川2001:222—270）。下面就此过程略做介绍。

"culture"以及"civilization"的对译词最初并非"文化"与"文明"，明治初期时翻译语多由翻译者自行选择，译词一度混乱。福泽谕吉虽然很早开始将"civilization"套用为"文明"，但使用"文化"者依然众多，另外"文化"也作为"文明开化"的缩略语形式出现。在第1章中已经提到过，18世纪欧洲中"culture"与"civilization"的含义具有重叠性，德国式含义中前者成为后者的对立概念出现是在19世纪前半期，在德语圈中固定下来则至少是19世纪后半期。英国人类学家泰勒的文化定义（1871年出版的《原始文化》）中，主语依然是"文化或者文明"。德意志帝国的成立恰好是同一年1871年的事情，而它成为日本的榜样则更晚一些。明治开国时的日本首先仿效的应该是英国和法国，其核心内容是"文明"。从而civilization的译词首

先定格在"文明"上，随后"文化"才被固定为"culture"的译词。

1871年至1873年间遍访美国与欧洲的岩仓使节团也造访了刚刚成立的德意志帝国，其主要任务是了解近代文明国家的形态，并获取建设文明国家的途径，在考察结果基础之上，明治政府全力实施了开放政策。最早以"文化"一词来表示德式文化概念的是作家三宅雪岭、陆羯南等明治20年代的日本主义者们。他们将其沿用为日本主义即国粹主义（用今天的词语而言是国家主义"nationalism"），这种理念明显受到刚建国统一的德意志的影响。

大正时代伴随着德国哲学文献尤其是新康德主义的引入，德语中"kultur"的翻译语固定为"文化"，"文化"一词也随之广为流传。西川这样描述："明治的开化是以文明为先声而进行的，与彼相对，大正时期的欧化主义则是缠裹着'文化'的衣装。"（前书：263—264）大正时代流行的"文化"概念十分庞杂，不仅包括知识分子所设想的德意志式的高级文化，还混合了文化住宅、文化锅这一类的消费文化范畴，同时还存在无产阶级文化特征的民众文化。然而在进入昭和时代之后，这些被抬头的国家主义、军国主义强行压制下去了。文化再次成为关键词是第二次世界大战战败后的事情。

三、战后的"文化国家"

战后制定颁布的《日本国宪法》第 25 条第一项规定："所有的国民，都有维持健康的、文化的最低限度的生活的权利"，西川长夫在论文中认为这是最早在宪法中插入的"文化"字样。但新宪法条文中出现"文化"字样的只有第 25 条。通过"维持最低限度的生活"的文字来把握"文化的"含义并不是一件简单的事情。为何维持最低限度的生活只有健康却还不够呢。这句话里弥漫着大正时代流传着的高尚脱俗的艺术教养与文化住宅、文化锅等消费生活的气息，却又有着"最低限度"的限定词，结果成为几乎没有实际意义的含糊指导内容。

战后成为东京大学首任文化人类学教授的石田英一郎，在 1959 年以"文化概念"为题发表的文章开头中，就战前至战后的"文化"一词的变迁如此写道：

第一次世界大战后，大正时代后半期，在文化生活、文化住宅、文化村、文化学院等一系列用语中看到的"文化"二字大致都是同一种感觉。翻查《广辞苑》，"文化住宅"是"以生活上的便利、简易为宗旨的，适合保健、卫生的新型住宅"，"文化生活"则似乎是"兼具科学应用与艺术趣味生活"的意思，后者还有一层"受西方影响的新式生活"的意思。……随后，一方面从文化锅、文化炉开始，退化至文化馒头的同时，另一方面第二次世界大战后的日本为了要迅速成为"文化国家"，倡导保护"文化财富"，给"文化功臣"发放养老金，"文化日"中不仅授予"文化人"以"文化勋章"，还出现了"进步的文化人"这一不可思议的名称。学校、团体、"文化俱乐部"的"文化活动"也兴盛异常。然而追溯这一系列文化词汇所共通的原始感觉，与其说是军事的、物质的、经济的技术，不妨说是一种与学术、艺术的内容相并列的，被认为是教养，被称之为文化的玩意吧。（石田 1970：260）

石田在此并没有对大正时代至战后文化含义的变化做严密探讨，战后宪法中的"文化的"含义内容，与大正时代的文化概念，即引文《广辞苑》中的"文化住宅"和"文化生活"的说明大体是一致的。那么战后日本的"文化"概念又经过了什么样的变化呢？

四、美国式"文化"概念的流入

西川长夫在前面提到的日本文化概念吸收过程的论著中指出："如果将大正的'文化'与德语'kultur'相对应的话，战后的'文化'则对应的是英语'culture'。"（西川2001：143）"战后的文化概念，是美国文化概念与德国文化概念的奇妙混合。"（前书：268）

例如当时著名的国语词典编纂者新村出在1949年编纂的《言林》（全国书房）的"文化"词条中，是像下面所列举的那样，以战前德国的文化概念为基础的。

①使世间变得进步文明。开放。文明开化。
②用文德教化、引导民众。

③实现人类本来拥有的理想，人类活动的过程。以艺术、道德、宗教为首的国家、法令、经济等的产物。"文明"一般与外在的、物质发达的意思相对应，"文化"意味着内在的精神品。

同样，新村出六年后的1955年纂修的《广辞苑》第一版（岩波书店）中，所收录的"文化"词条的解释已经发生了变化。

①使世间变得进步文明。开放。文明开化。

②文德教化、引导民众。

③culture，自然并非原封不动寄托于自然，而是通过技术使人们能达到一定的生活目的（文化活动）。民族、种族等特定的集团并不停留在自然或野蛮的状态，而是为实现自身的特定生活理想，而逐渐形成的生活方式与各种表现（"文化财"）。这样的生活表现是从衣食住开始的学问、艺术、道德、宗教等纵贯物质与心理两方面生活表现的样式与内容，也即物质方面从自然状态退却，生活水平的提高，心理方面通常

包含使得生活理想得以实现的精神陶冶、磨炼、高尚情趣等含义。

其中①与②没有变,只有③被重新改写了。新的③中包含了原有的生活情趣这一18世纪的含义和后来德国式的含义,开头的语源用英语来标示,总体来看其内容明显有着继承了泰勒式文化人类学定义的美国文化概念色彩。这也能说成是战后美国文化概念在日语辞典中的体现。

五、石田英一郎与文化人类学

国立大学开设美式文化人类学讲座与课程是从制度上逐步接纳美国文化观与文化概念的又一个例子。东京大学教养学部教养学科最先设置了文化人类学,担任教授的石田英一郎不仅为培养文化人类学研究人才,亲自担任日本民族学会刊物《民族学研究》的主编,同时还利用大众刊物、报纸,以及日本广播协会(NHK)教养大学等媒体来宣传介绍美式文化人类学。

石田回忆,战后回到东京大学并成为教务总长的矢内原忠雄作为首倡者为东京大学文化人类学课程纳入教养学科的设置体系做了一系列准备工作。石田回想："看到战后的美国大学中文化人类学（anthropology）蓬勃发展的矢内原教务总长，决定将'文化人类学'这一课程设置在新设的教养学科之下。"

在 1959 年发表的《文化的概念》中，石田提出，文化人类学所研究的文化是在总结之前的世界人类学研究的基础上的一门非常宏大的学问。石田在参考克罗勃与克拉克洪的《文化》的基础之上，还将从英国泰勒定义开始至 20 世纪前半期美国文化人类学家的文化理论，以及同样在 20 世纪前半期英国兴盛的功能主义式社会人类学，还有他战前在维也纳大学留学学习的德国式民族学也顺便进行了参考。美国人类学家中本尼迪克特的文化模式论作为文化相对主义的代表性理论被介绍，但更多的是参考了本尼迪克特师兄克罗勃的文化理论。石田所重视的由克罗勃所提倡的文化超有机体论主张文化与动物的遗传基因相异，在每个人的外部存在，这一理论中克罗勃超越他的老师博厄斯，让人不禁想起了 19 世纪在德国所争论的"民族精神"，其中在石田的文化观里有专门研究文化的文化人类学课程负责人的想法，同时也让人想到他留学所学的德国民族学传统中的作用。

六、《菊与刀》的翻译出版与日本文化论的流行

大学中文化人类学课程的设置以及"文化人类学"学科的普及，使得介绍文化人类学文化概念在大学校园内得以实现。然而使得文化人类学的文化传播到公众社会的却是本尼迪克特的日本文化论成名作《菊与刀》，这本书在二战刚结束后的1948年翻译出版，受到《菊与刀》翻译出版的激发，新出版的日本文化论以及日本人论的相关书籍陆续成为畅销书。[①]

《菊与刀》是为了理解"迄今为止美国举国会战的敌人中，性情最难以琢磨的敌人"——日本人的行动方式与思维习惯，受美国战时情报局委托而进行的研究成果。《菊

---

① 日本人论与日本文化论的昌盛，并不始于战后，而是明治之后日本言论界的一贯特征。"没有像日本人那样喜欢论述自己国民性的国民了"，社会心理学家南博综览了明治开始至20世纪90年代为止所写的代表性的日本人论，并对其开展的细节展开了探讨。（南 2006）

与刀》虽然不是所谓的比较文化论，但日本与美国（西方）的对比却在文中频繁出现。这种写作手法是本尼迪克特为了面向美国读者，加深读者对日本文化特性印象而采用的，对日本人而言则毫无疑问成为日本人形象以及日本文化论的典型。主要从与西方对比论述日本特性的日本人论与日本文化论后来陆续被出版。

加藤周一：《日本文化的杂种性》（1955 年初刊）
梅棹忠夫：《文明生态史观序说》（1957 年初刊）
作田启一：《耻的文化再考》（1964 年初刊）
中根千枝：《纵式社会的人际关系》（1967 年初版）
土居健郎：《"娇宠"的构造》（1971 年初版）
村上泰亮、公文俊平、佐藤诚三郎：《文明的家庭社会》（1979 年初版）

战后出版并被广为传阅的代表性日本人论、日本文化论如上所示。这些以文艺批评、人类学、社会学、心理学等专门领域的学科研究为基础的著作虽然并非都是与西方单纯比较而形成的日本论，但大部分普通读者都是那样认为的。从而这些著作提出的"杂种性"、"耻"、"纵式社会"及"娇宠"等关键词也经常在人们的日常会话中所使用。

战后日本人、日本文化论的形式特点是通过与西方（或者印度人、犹太人、韩国人等）的单纯比较而得出的日本特性。[①]这虽然是本尼迪克特创造的方式，但本尼迪克特的情况是面向美国人说明来自外部世界的日本人。然而经日本人研究的日本人论、日本文化论却是基本的自我认识和自我再认识。这种认识方式失去了明治时期以来积极以英国或德国为榜样的敏锐的外向型视线，动辄就自我意识过剩，在自我厌恶与过分自信中摇曳，最终沦为一种内向的姿态。尽管有战败迫使全体国民对自我进行再认识这样的事实存在，文化模式依然几乎只停留在民族主义（nationalism）的框架内，文化相对主义、多民族性这些战后美国特色的文化观看起来还没有被真正接受。

---

① 文化人类学家青木保就战后日本文化论的发展做了分析（青木1990）。青木在强调本尼迪克特《菊与刀》影响的基础上，将战后的日本人论、日本文化论的发展整理为5个时期："否定的特殊性认识期"（1945—1954）、"历史的相对性认识期"（1955—1963）、"肯定的特殊性认识前期"（1964—1976）、"肯定的特殊性认识后期"（1977—1983）及"特殊至普遍期"（1984—1990），描绘了日本由战败后的自信丧失到复兴，之后随着经济增长带来自信恢复，国际地位提升这些与战后日本发展轨迹相重合的各个时期特征。最后指出《菊与刀》具备很多日本文化论所欠缺的内容，由此引申出本尼迪克特文化相对主义多重视角的重要性。

七、日本政府的文化政策

战后日本的文化概念与文化观变化与发展的过程，可以从日本政府着手实施的文化政策内容中一窥究竟。作为文化政策基础的文化相关法令没有本书中所举出的思想家所表现出的那种对概念的斟酌与考量，相关的词语定义都被明确记录在案，从这个方面可以能读到官方的文化观。

管理文化政策的政府机关文化厅的网页（http://www.bunka.go.jp/）中记录着与文化政策相关的法令。作为"基本法规"的有《文化艺术振兴基本法》、《文字印刷字文化振兴法》等；作为"文化遗产相关"的除《文化遗产保护法》与相关条例之外，还有与《枪炮刀剑类持有物等取缔法》（这些之后将加以评述）、《阿依努文化振兴法》、《美术品公开促进法》，国际合作、文化遗产的进出口法规相关的法令等。将这些相关法令中最主要的内容按照制定年份进行排序的话，就可以看出战后文化政策着力点的推移（下表）。虽然这里所列的只是最主要的东西，但也可以看出与文化遗产相关的一系列法令在战后初期就已审议制定，然后相隔很长时间直到平成①年代，与阿依努文化以及艺术相关的法令才被开始着手制定。

战前	
1933年	关于重要美术品等保存相关的法律
1937年	文化勋章令
战后	
1950年	文化遗产保护法
1951年	文化功劳者养老金法
1958年	枪炮刀剑类持有物等取缔法
1997年	关于阿依努文化振兴，以及阿依努传统等知识的普及与开发的法律
1998年	关于促进美术品、美术馆公开的法律
2001年	文化艺术振兴基本法
	关于推进儿童读书活动的法律
2002年	关于限制文物的非法进出口等规定的法律
2005年	文字印刷字文化振兴法
2006年	关于海外文化遗产的保护，促进国际合作的相关法律

八、文化遗产保护法与文化遗产政策

战后最早制定的文化遗产保护法是继承战前重要美术品相关法律而来的。其中第一条提出"本法律目的为保护

---

① 日本由天皇年号带来的年代表示法，1989年为平成元年。——译者注

文化遗产,且谋求活用,帮助提高国民文化的同时为世界文化的进步做出贡献",第二条中列举了如下文化遗产的分类及内容:

(1)建筑物、绘画、雕刻、工艺品、书法字迹、典籍、古文献等对于我国而言,在历史方面或艺术方面有很高价值的有形文化产物(包括与这些东西浑然一体的,呈现这一价值的土地与物品),同时还有考古资料以及其他具有很高学术价值的历史资料。(以下称之为"物质文化遗产")

(2)戏剧、音乐、工艺技术等对于我国而言具有很高历史价值或者艺术价值的无形的文化产物。(以下称之为"非物质文化遗产")

(3)与衣食住、生计、信仰、每年定例的活动仪式等相关,理解我们国民生活变迁不可或缺的风俗习惯、民俗艺术、民俗技术以及所用的衣服、器具、房舍等物品。(以下称之为"民俗文化遗产")

(4)对于我国而言在历史上或者学术上具有很高价值的贝冢、古坟、城市遗址、古宅等遗迹;对于我国而言在艺术上或者观赏上具有很高价值的庭院、桥梁、峡谷、海滩、山岳等名胜地；与其并列的还有对于我国而言学术上具有很高价值的动物（包含栖息地、繁殖地以及原生长地）、植物（包含自然生长地），以及地矿物质（包含发生特异自然现象的土地）。（以下称之为"纪念物"）

（5）在理解我国国民生活，或者生计方面不可或缺的，由地区中人们的生活或者生计以及该地域的风土而形成的景观地。（以下称之为"文化景观"）

（6）与周围的环境浑然一体，形成历史风韵，具有很高价值的传统建筑物群。（以下称之为"传统建筑物群"）

这些条文是到2009年为止时的内容，该法令自1950年制定以来经过了多次修正。先前所引用的文字中，第（3）项的"民俗文化遗产"是由制定时的"民俗资料"在1975年修订的。另外第（5）项以及第（6）项并非制定时的内容，而是后来订正时加入的条款。第（6）项是1975年修订时追加的，在经济高速增长告一段落后，国家铁道公司发起"发现日本"(Discover Japan)等运动来呼应对传统的重新认识这一20世纪70年代开始的风潮。另外第（5）项是2005年修订时追加的内容，这一做法与1992年联合国教科文组织（UNESCO）在世界遗产条约的工作方针中加入"文化景观"概念相对应的。无形文化遗产在1950年制定法律时已经成为保护对象，早于联合国教科文组织无形文化遗产保护公约（2003年联合国教科文组织总会时决定）半个世纪以上，在世界上也是首屈一指的方略。

这样应保护的文化遗产由最初的有形、无形文化遗产，民俗资料、纪念物等以物为中心的遴选扩大到了建筑物、景观等，它的评价标准也放在了"历史上"、"艺术上"、"学术上"等方面的价值上，但其"理解国民生活、生计的变迁过程中必不可少的内容"这一理念没有变化。这些内容与第一条中的"提高国民文化的同时为世界文化的进步做出贡献"号召相呼应，这样遴选出的文化遗产目录仿佛19世纪德国所揭示的文化概念，像是日本国民在炫耀自己的过去，可以说是日本政府所思考的国民文化名录。

在此之前，战前重要美术品等保存相关法律中的对象只是被简洁地描述为"被认为是历史上或者美术上具有特别重要价值的物品"。

文化遗产保护法颁布的次年所制定的《文化功劳者养老金法》决定了为与文化的提高发展相关的，功绩特别显著的"文化有功人"支付养老金。所涉及的二战前的文化勋章令授予对象也是"与文化发展相关的，功绩卓绝者"，这与文化遗产保护法的文化把握方法是一致的。

战后初期制定的《枪炮刀剑类持有物等取缔法》之所以由文化厅管辖，或许是考虑到江户时代以来武士的家传之宝珍传而来的刀剑作为文化遗产而具备的价值。

其后经过40年至平成年间，以1972年制定，1992年批准的日本《世界文化遗产以及自然遗产保护公约》为契机，美术品、文化遗产、文物相关的法律再次被重新审定，这也是为了与联合国教科文组织所主持的人类世界文化遗产保护活动相呼应。世界遗产条约的第一条中对文化遗产的定义如下：

> 适用于条约的文化遗产，如下所示：
> 纪念建造物。在历史上、艺术上或者学术上具有普遍价值的建筑物，有纪念意义的雕刻及绘画，考古

学性质的物品及构成物，金石文，洞穴住所以及这些物件的组合。

建筑物群。由于其建筑样式、同一性或者景观内位置的原因，在历史上、艺术上或者学术上具有显著、普遍价值的，独立或者连续的建筑物群。

遗址。在历史上、艺术上、民族学上或者人类学上具有显著、普遍价值的，人力所造（包括与自然衔接而成的东西）以及包含考古学遗迹的区域。

各遗产的评价方法与文化遗产保护法的内容大致相当，然而在具备"普遍的"价值而言与日本文化遗产所定位的国民文化有所不同。

从而战后的日本文化遗产政策是在继承明治以来的开放思想，另一方面与联合国教科文组织主导的世界规模的文化政策进行互动的产物。联合国教科文组织是各国国民之间的协调机构，使得国民文化宣传与人类"普遍价值"自然衔接起来。联合国教科文组织所选定的世界遗产中的几项，与其说是文化遗产，不如说是文明遗产更为贴切。这里故意模糊文化与文明区别的这种姿态似乎提醒人们是这种18世纪才登场的文化概念的过去和"普遍的价值"为适应近代而发生变化。

九、文化遗产之外的法令

与文化遗产法令和系统不同的是1997年制定的《阿依努文化振兴法》与2001年制定的《文化艺术振兴基本法》。

《阿依努文化振兴基本法》是为了撤销1899年基于对日本原住民阿依努人歧视观念而制定的《北海道旧土人保护法》，振兴阿依努民族文化而制定的法令。该法律目的中的第一条中有以下内容：

> 第一条　……本法律的目的是，以阿依努人引以为豪的源泉——阿依努传统及阿依努文化（以下省略为"阿依努传统等"）所处的现状为鉴，为了推进阿依努文化振兴，以及对国民实施阿依努知识普及与启蒙（以下省略为"阿依努文化的振兴"）政策，目的在于实现阿依努民族自豪感得以尊重的社会，同时为我国多文化的发展做出贡献。

接着该法律第二条中定义"阿依努文化"为"阿依努语以及阿依努继承的音乐、舞蹈、工艺等文化产物,以及由其发展而来的文化产物"。该法律制定的背景是20世纪70年代之后,原住民运动在全世界高涨,在此所说的"文化"当然是意识到民族文化之后的内容,阿依努文化的定义只停留在文化遗产保护法所拟定的文化框架之中,谋求在该框架内得到振兴。

检视文化厅网页所登载的提议理由,《文化艺术振兴基本法》是面对普通大众的法律,似乎是以迎接21世纪,整合国家艺术文化振兴的基本方针为目标的。如果文化遗产政策有重点保护内容的话,这些即是振兴的重点。其引文如下:

> 创造、享受文化艺术,在文化的环境中发现生命的喜悦,是人亘古不变的愿望。而且,文化艺术蕴含着人的创造力,在提高这种表现力的同时,提供给人们心意相连、相互理解、相互尊重的土壤,使人们能够接受多样性,形成心胸宽大的社会,有助

于实现世界和平。再者，文化艺术自身具备固有意义与价值的同时，在各个国家、各个时代中，作为国民共通的寄托有着重要的意义，在国际化发展的进程中，能成为自我认识的出发点，是培育尊重文化传统之心的内容。

之后，在该法律中"文化艺术"作为一个单词被连续使用，却没有何为文化的说明。政策对象中的生活文化及国民娱乐与艺术、演艺以并列方式列举出来，生活文化是"茶道、插花、书法等和生活有关的文化"，国民娱乐是"围棋、将棋以及其他的国民娱乐项目"，说明是用括弧圈起来的。在此作为"文化艺术"的是所谓的艺术，或与日语所说的"艺"相当的东西，文化看上去只是没有实际意义的修饰语。

十、近代的接纳与日本的功用

文明、文化概念的接纳，归根到底是如何接纳近代的问题。最敏锐地意识到这一点的是战后即去欧洲留学，归国后写下《日本文化的杂种性》①一书的加藤周一。

加藤周一的日本杂种文化论不仅是在"杂种性"中探求日本文化的特性，更是展望日本在世界中将处于何种位置，能起到何种功用的媒介物。他在论述日本文化的杂种性时并不只是说日本文化中包含有中国、印度、西方等外来文化要素，他所关注的问题是文化的根本是纯正的，还是杂交的？从而由于这种纯正与杂交的不同，各国在世界近代化的过程中所起的作用也有所不同。换言之，也即接纳近代方式的不同。他在与《日本文化的杂种性》同时期发表的《杂种的日本文化的希望》（1955年初版）一书中，将日本与被认为是纯正文化的中国、印度文化进行比较后，如此写道：

> 第二次世界大战最大的一个结果毋庸置疑是亚非殖民地（或者半殖民地）国民的国民主义自觉与随之而来的独立运动的蔓延。……问题有二：一是所谓的落后国家能否消化西方的技术文明，日本已经给出了

---

① 中文版本有《日本文化的杂种性》，杨铁婴译，吉林人民出版社1991年版。——译者注

证明，中国与印度还在进行中；二是西方出现的人权宣言那样的人的自由与平等，在与西方历史背景不同的亚洲中能否自发产生，这是战后的亚洲竭力想证明的内容。……

假使今天把人类的自由、平等的觉悟与社会的人性解放过程合到一起，用泛人道主义的词语来称呼的话，过去西方基督教世界中产生的人道主义在亚洲的非基督教世界出现时，采用何种形式、发展到何种程度为大规模运动的意义做了总结。（加藤 1979：34—35）

至此就近代的技术文明与社会思想的接纳方面而言，加藤认为其不止于纯种与杂种的差异，这种不同还在于对近代文化的接纳方面。

亚洲直到今天通过反殖民主义战斗，国民主义认知得以凝聚，国内社会中的人性解放被激发、复苏。这种一般的过程加上尽早实现落后国家工业化这一技术上的必要条件，问题就会主要从社会中凸显出来。

然而就文化而言，特别复杂的问题似乎并没有被意识到。例如在印度与中国消灭文盲是当前的要务。……而且印度与中国继承有着与西方相同，甚至在西方之上的丰富的文化遗产。例如就我所知的印度人……无一例外都是这样说，印度没有必要强求去学习西方的文学艺术。……恐怕中国也具有同样的倾向吧。但日本却非如此。……日本文化的问题在于，当面必须采用这样一种复杂的形式。为什么呢，因为在日本，文化问题和消灭文盲、国民主义无关，而是与包含文学艺术的，高度分工的精神活动的广阔领域联系在一起的。如果将基督教世界中人本主义发展作为亚洲各国社会方面的主要问题的话，则人本主义发展在文化方面，特别是思想、文学、艺术方面，采取何种形式树立起它的远景是日本的任务……这个任务是世界各国国民为我们日本人所留的工作。（前书：35—36）

战后即作为医学生从欧洲留学归国的加藤，对已经实现独立，正意气奋发的印度与中国，与在战败的痛楚中好不容易重新站起来的日本的未来进行观察所下的判断，相

第十章 日本的文化概念 219

比起周密的以比较为基础的研究而言，看起来更像是基于体验的直观性研究。只是就加藤文学艺术专业领域所看到的东西，即他所说的文化面来探讨本书的"文化概念"确有几分不足。但在这个节点上在认同世界中日本的边缘性的同时，尚能预料到世界整体的近代化过程中日本所起的作用，这种视野的开拓性不得不使人敬服。

另外，他在1971年发表的题为《"追赶"过程的构造》（加藤1979年收录）的期刊论文中，将日本与同为后起之国，在欧洲文明内部摸索"追赶"的德国进行比较探讨。加藤区别与比较了德国和日本基于动机（目的）的民族主义，与作为手段的国际主义这一框架，分析了公共生活中的物质文明与私人生活中的精神文明的共通点，也指出了精神史传统、传统的社会构造、国际环境的不同等原因带来的两国差异。

然而德国的"追赶过程"，是在刚才引文中所述的基督教世界的框架内部开展的。德国所举的与文明概念相对抗的文化，在基督教世界的近代化这一大动荡中树立自己的位置，也可以说成是发达国家之间争夺先机的一种手段。德国出现了很多为近代的形成起到莫大作用的杰出人物、思想、作品。如以康德为代表的思想家，以贝多芬为代表的音乐家等。这些成就是人类所完成的成就，这一点与法国所提倡的文明相同，是睥睨原始与野蛮，夸耀近代的内容。建立在这种文化观之上的民族主义也正是一种参与近代世界的意图声明。明治日本虽然提出了这样的口号，但直到今天，何止康德、贝多芬，就连甘地与德蕾莎也没有出现过。

美国也属于"追赶一组"，针对野蛮对抗文明这一发展阶段的构成图式提出了作为破题的相对主义文化概念。这也是由多民族相邻而居的国内情况发展而来，"追赶一组"也迫不及待地提出了可能为世界整体适用的问题。但是那与其说成是超越近代的东西，不如说是将近代所必然包含的难点以多文化问题的形式处置，这可以说是一种有效的视角。

英国虽然是近代化的先驱国，但从国内包含的问题状况出发，将反映阶级斗争的文化动态作为研究对象。一个社会内部中的不同阶层与世代带来的文化裂痕，以及其中的权利介入也成为近代内部所包含的深刻问题。

回过头来日本的情况是，在参与近代的过程中，产生何种能为世界所共享的东西了呢?战后成为文化政策焦点的文化遗产与文化艺术概念,是否面向世界提出了新的问题了呢?战后传播到全世界的日本发明,例如耳机、磁带、方便面、卡拉OK、电子游戏、软件等,总体来看,这些发明的共通的属性中确实浮现的都是消费性、享受性。接着针对这些,加藤周一意外地在以"日本社会、文化的基本特征"为题的论著(1984年初稿)中指出,这些与彻底的现世理想的实用技术主义、享乐主义、唯美装饰主义完美吻合(加藤1999:21—22)。将这其中的方便面,与意大利开始的慢食运动相比较的话,二者对于近代这一状况所提出问题力度的差距是很显然的。虽然并非在说消费的享乐性不好,但只要没有培养出从近代的存在方式发现潜藏在其中的问题,"追赶"的过程只能是将触手而及的东西享受式地接纳了。

结　语

"文化"概念是近代的重要发明。正如牛顿的万有引力、达尔文的进化论在近代科学领域所起的作用一样，文化概念在政治社会领域中为近代的形成发挥着核心的作用。为应对世界近代化进程的各种场面与各种情况，文化概念也被添加了许多新的含义，这样各种含义一次次的累积，才形成今天的文化概念，本书在追溯这一过程的同时看到的就是这一幕。

这样宝贵的词语在当今世界已经成为生活其中的人们言谈不可缺少的内容，但其中包含的概念却被设计了多个陷阱，有必要加以注意。

其一，文化自从被作为文明的对抗概念而被带来之始，经常有强烈召唤个性、固有性的意味，而且那通常是在追赶文明过程的框架中而出现的。西川长夫在探讨日本明治以来循环反复的西化志向与国粹化志向时这样说道：

> 欧化与国粹这一问题的设定确实是与历史事实相呼应的，但如果历史发展中仅有这种二元对立的话，不论哪一项的一方如愿得到胜利，最终也只能用欧化的本土化来解决。这可以说是欧化与国粹化问题自身设置的一个陷阱吧。（西川 2001：132）

提出引文中"问题的设定"的是写论文的山本，西川为山本新《欧化与国粹》论文所触动而发表的他的个人意见是，有必要加以留心作为文明对抗概念的文化本身具有那种诱使问题这样设定的意义内容（或者说为了诱导这种问题设定而添加了与其相符的含义）。这些问题不仅限于明治以来的日本，从19世纪德国的情况来看的确也是有必要做这种概念设定，后来所有以追赶发达国家而称的国家，都通过这种问题的设定进行自我鼓舞。也就是说，19世纪德国的文化概念或许可以说是潜入民族主义内部的一个陷阱。

另外一种是第 7 章中探讨过的 20 世纪美国相对主义文化概念所设置的陷阱。在此再次列举出已经引用过的滨本满的批判如下。

> 这种设立自他区别①的情况本身，将人以各种"文化"，即以相互差异而相互隔离，分割成多个单位，将内部封闭而设定话语交流的渠道的方式应该给予严肃批判。文化这一习语的话语自身就潜藏着危险。（滨本 1996：93）

美国文化概念中时常保持着文化界限意识，对文化差异也变得异常敏锐。而且文化中，模型、超有机体等被认为很多是在个人的外部，超越世代而存在的，尽管不是遗传，但却被认为具有感染性质。此处距离以文化本能的厌恶感与歧视情感的发生只有一步之遥。文化相对主义原本是抵制那种歧视而被倡导的东西，支持文化相对主义的文化观反而助长了文化隔离，更甚者成为歧视化的土壤，这

---

① 即自民族中心主义和他民族中心主义。——译者注

的确是一种反讽。

为了不被文化概念所设置的这些陷阱束缚，有必要重新思考一下文化与普遍性之间的关系。西川在先前引用的文章之后又写道："这种二元对立的历史不属于欧化，也不属于国粹，已然产生'世界化'这一第三种选项，现在我们已经不需要再为人类的未来而继续这种反复实验了吧。"（西川 2001：132）滨本也说："文化相对主义是从'普遍'这一幻想中清醒过来的普遍主义。"（滨本 1996：73）

文化原本是从指人类普遍的形态概念而始的，今天文化最广阔的含义是，作为人（除了一部分灵长类动物）与其他动物相区别的，具有普遍性意义的内容。拥有语言，拥有家庭以及超越家庭的共同体等社会集合，有死亡观念，能享受到声音、图像等视觉、听觉上的玩的乐趣等，人类能举出无数个例子来证明这种虽然文化、民族不同但却具有的共通特性。

各种各样的语言、家庭形态、死者的吊唁法、音乐与绘画的样式方面确实存在差异，然而其中却不存在优劣之分，以语言为例的话大家都会认可吧。因为有共通基础的语言能力存在，对语言百分之百的翻译有困难的话，百分之九十，或者百分之九十五程度的翻译是完全可以实现的（如果说百分之百能翻译的话，那就只能说是同一种语言了吧）。问题在于对所剩的百分之五的不同如何定位。所说的文化不同，也就是这百分之五的差别吧。

考虑到因为这百分之五的不同而进行民族虐待，引发战争之类的话，对这些差别绝对不可掉以轻心。针对这种差别的可行方法不是要消除差别（同化、强制改宗、洗脑、抹杀），而是将差异区分开来，探讨可以翻译到的程度（即能否被普遍共享），仍然残存着的差异的含义，只能通过双方之间耐心的、持久的对话来解决了吧。

相关文献

アルチュセール，ルイ「イデオロギーと国家のイデオロギー装置」柳内隆訳.[1970]『アルチュセールの〈イデオロギー〉論』1993年：7—111，三交社

アンダーソン，ベネデイクト『増補　想像の共同体——ナショナリズムの起源と流行』白石さや・白石隆訳，1997[1991]年，NTT出版

青木保『「日本文化論」の変容』1990年，中央公論社

Barnard, Alan & Jonathan Spencer (eds.), *Encyclopedia of Social and Cultural Anthropology*, 1996, London & New York: Routledge

Barth, Fredrik, 'Introduction', in Fredrik Barth (ed.), *Ethnic Groups and Boundaries*, 1969, Bergen: Universitetsforlaget

ベネディクト,ルース『文化の型』米山俊直訳,2008 [1934] 年,講談社学術文庫

ベンヤミン,ヴァルター「複製技術時代の芸術作品」久保哲司訳,[1936]『ベンヤミン・コレクション1・近代の意味』1995 年：583—640,ちくま学芸文庫

ダン,オットー『ドイツ国民とナショナリズム——1770—1990』末川清・姫岡とし子・高橋秀寿訳,1999[1996] 年,名古屋大学出版会

堂目卓生『アダム・スミス——『道徳感情論』と『国富論』の世界』2008 年,中公新書

エリアス,ノルベルト『文明化の過程（上・下）』赤井慧爾他訳.1977・1978[1969] 年,法政大学出版局

エリアス,ノルベルト『ドイツ人論——文明化と暴力』青木隆嘉訳,1996[1989] 年,法政大学出版局

ギアーツ,クリフォード『文化の解釈学Ⅱ』吉田禎吾・柳川啓一・中牧弘允・板橋作美訳,1987[1973] 年,岩波書店

ギアツ,クリフォード『現代社会を照らす光——人類学的な省察』鏡味治也・中林伸浩・西本陽一訳,

2007[2000] 年，青木書店

ゲルナー，アーネスト「今日のナショナリズム」多和田裕司訳，『思想』1993 年 1 号 :19—33

ゲルナー，アーネスト『民族とナショナリズム』加藤節監訳，2000[1983] 年，岩波書店

グラムシ，アントニオ『グラムシ・セレクション』片桐薫編訳，2001 年，平凡社ライブラリー

浜本満「差異のとらえかた——相対主義と普通主義」，青木保他編『岩波講座文化人類学 12 巻・思想化される周辺世界』1996 年 :69—96，岩波書店

平井俊彦編『社会思想史を学ぶ人のために』1994 年，世界思想社

ホブズボーム，E.J.『市民革命と産業革命——二重革命の時代』安川悦子・水田洋訳，1968[1962] 年，岩波書店

ホブズボウム＆レンジャー編『創られた伝統』前川啓治・梶原景昭他訳，1992[1983] 年，紀伊國屋書店

ホガート，リチャード『読み書き能力の効用』香内三郎訳，1974[1957] 年，晶文社

ホルクハイマー&アドルノ『啓蒙の弁証法——哲学的断想』徳永恂訳，2007[1947]年，岩波文庫

市野川容孝『社会』2006年，岩波書店[思考のフロンティア]

生松敬三『社会思想の歴史——ヘーゲル・マルクス・ウェーバー』2002[1969]年，岩波現代文庫

石田英一郎『人間と文化の探求』1970年，文藝春秋

カント『啓蒙とは何か 他四篇』篠田英雄訳，1974年，岩波文庫

加藤周一『加藤周一著作集7・近代日本の文明史的位置』1979年，平凡社

加藤周一「明治初期の翻訳」加藤周一・丸山真男校注『日本近代思想大系15・翻訳の思想』1991年：342—380，岩波書店

加藤周一『加藤周一セレクション5・現代日本の文化と社会』1999年，平凡社ライブラリー

ケドゥーリー,E.『第二版 ナショナリズム』小林正之・. 栄田卓弘・奥村大作訳，2003[1992]年，学文社

Kroeber, A. L. & Clyde Kluckhohn, *Culture: A Critical*

Review of Concepts and Definitions,1963[1952],New York：Vintage Books

Kuper, Adam, *Culture: The Anthropologists' Account*, 1999, Cambridge: Harvard University Press

キムリッカ，ウィル『多文化時代の市民権——マイノリティの権利と自由主義』角田猛之・石山文彦・山崎康仕監訳，1998[1995] 年，晃洋書房

リーチ，エドマンド『社会人類学案内』長島信弘訳，1985[1982] 年，岩波書店

Leach, William, *Land of Desire: Merchants, Power, and the Rise of a New American Culture*, 1993, New York: Pantheon Books

南博『日本人論』2006[1994] 年，岩波現代文庫

西川長夫『増補　國境の越え方——国民国家論序説』2001 年，平凡社ライブラリー

太田好信「文化の客体化——観光をとおした文化とアイデンティティの創造」，『民族学研究』57 巻 4 号，1993 年：383—410

サピア，エドワード『言語——ことばの研究序説』安藤

貞雄訳，1998[1921] 年，岩波文庫

Sapir, Edward, "Culture, Genuine and Spurious", [1924] in David G. Mandelbaum(ed.), *Selected Writings of Edward Sapir in Language, Culture and Personality*, 1949: 308—331, Berkeley: University of California Press

清水昭俊「植民地的状況と人類学」，青木保他編『岩波講座文化人類学 12 巻・思想化される周辺世界』1996 年：3—29，岩波書店

スミス，アントニー・D.『ネイションとエスニシティ——歴史社会学的考察』巣山靖司・高城和義訳，1999[1986] 年，名古屋大学出版会

スミス，アントニー・D.『選ばれた民——ナショナル・アイデンティティ，宗教，歴史』一條都子訳，2007[2003] 年，青木書店

竹沢尚一郎『人類学的思考の歴史』2007 年，世界思想社

多木浩二『ベンヤミン「複製技術時代の芸術作品」精読』2000 年，岩波現代文庫

タンバイア，スタンレー・J.「エスノナショナリズム——政治と文化」岡本真佐子訳 .『思想』1993 年 1 号：

50—63

寺田和雄「人種」,『平凡社大百科事典 7』1985 年,平凡社

上野千鶴子編『構築主義とは何か』2001 年,勁草書房

上野俊哉・毛利嘉孝『カルチュラル・スタディーズ入門』2000 年,ちくま新書

ウィーナー,フィリップ・P. 編『西洋思想大事典』1990[1973・1974] 年,平凡社

ウィリアムズ,レイモンド『文化と社会』若松繁信・長谷川光昭訳,1968[1958] 年,ミネルヴァ書房 (Raymond Williams, *Culture and Society 1780-1950*, 1971, Harmondsworth: Penguin Books)

ウィリアムズ,レイモンド『完訳キーワード辞典』椎名美智他訳,2002[1983] 年,平凡社

ウィリス,ポール『ハマータウンの野郎ども』熊沢誠・山田潤訳,1996[1977] 年,ちくま学芸文庫

Winthrop, Robert H., *Dictionary of Concepts in Cultural Anthropology*, 1991, New York: Greenwood Press

山極寿一『暴力はどこからきたか——人間性の起源を探

る』2007年，NHKブックス

柳父章『翻訳語成立事情』1982年，岩波新書

吉見俊哉『カルチュラル・スタティーズ』2000年．岩波書店[思考のフロンティア]

语源解说索引

族群（ethnicity）

近代（modern）

人种（race）

传统（tradition）

国家/国民/民族（nation）

部族（tribe）

文化（culture）

文明（civilization）

民族（volk）

人名索引

阿德隆（Johann Christoph Adelung：1732—1806）德国语言学家

阿德诺（Theodor W. Adorno：1903—1969）德国哲学家

阿诺德（Matthew Arnold：1822—1888）英国诗人、批评家

阿尔都塞（Louis Althusser：1918—1990）法国哲学家

安德森（Benedict Anderson：1936—）美国政治学家

石田英一郎（Eichirou Ishida：1903—1968）日本文化人类学家

威廉斯（Raymond Williams：1921—1988）英国批评家、社会思想家

威利斯（Paul E.Willis：1945—）英国文化研究家

韦伯（Alfred Weber：1968—1958）德国社会学家

艾利亚斯（Norbert Elias：1897—1990）德国社会学家文化史学家

艾略特（Thomas Stearns Eliot：1888—1965）美国出生的英国诗人、批评家

欧文（Robert Owen：1771—1858）英国企业家、社会改革运动家

奥尔特加（José Ortega y Gasset：1883—1955）西班牙哲学家

卡西勒（Ernst Cassirer：1874—1945）德国哲学家

加藤周一（Shuichi Kato：1919—2008）日本思想家

康德（Immanuel Kant：1724—1804）德国哲学家

格尔茨（Clifford Geertz：1926—2006）美国人类学家

基佐（François Pierre Guillaume Guizot：1787—1874）法国历史学家

库珀（Adam Kuper：1941—）南非出生的英国人类学家

克拉克洪（Clyde Kluckhohn：1905—1960）美国人类学家

葛兰西（Antonio Gramsci：1891—1937）意大利共产党活动家

克莱姆（Gustav Klemm：1802—1867）德国民族学家

克罗勃（Alfred L. Kroeber：1876—1960）美国人类学家

克窦里（Elie Kedourie：？—1992）伊拉克出生的英国政治学家

盖尔纳（Ernest Gellner：1925—1995）巴黎出生、布拉格长大的英国人类学家

科贝特（William Cobbett：1763—1835）英国新闻记者

戈登卫泽（Alexander Goldenweiser：1880—1940）俄国出生的美国人类学家

柯勒律治（Samuel Taylor Coleridge：1772—1834）英国诗人、批评家

孔多塞（Marie Jean Antoine Nicolas de Caritat Condorcet：1743—1794）法国启蒙思想家

萨庇亚（Edward Sapir：1884—1939）德国出生的美国语言学家、文化人类学家

谢林（Friedrich Wilhelm Joseph von Schelling：1775—1854）德国哲学家

人名索引　239

清水昭俊（Akitoshi Shimizu：1942—）日本人类学家

泰勒（Edward B.Tylor：1832—1917）英国人类学家

竹泽尚一郎（Shoichiro Takezawa）日本人类学家

汤拜耶（Stanley J. Tambiah：1929—）斯里兰卡出生的美国人类学家

杜威（John Dewey：1859—1952）美国哲学家、教育学家

滕尼斯（Ferdinand Tönnies：1855—1936）德国社会学家

西川长夫（Nagao Nishikawa：1934—）日本的法国思想家

伯克（Edmund Burke：1729—1797）英国政治家

巴特（Fredrik Barth：1928—）同时在英美学习的人类学家

赫斯科维茨（Melville Jean Herskovits：1895—1963）美国人类学家

巴斯蒂安（Adolf Bastian：1826—1905）德国民族学家

滨本满（Mitsuru Hamamoto：1952—）日本人类学家

费希特（Johann Gottlieb Fichte：1762—1814）德国哲

学家

布克哈特（Jakob Burckhardt：1818—1897）瑞士文化史学家

洪堡（Wilhelm Karl von Humboldt：1767—1835）德国语言学家

黑格尔（Georg Wilhelm Friedrich Hegel：1770—1831）德国哲学家

本尼迪克特（Ruth Fulton Benedict：1887—1948）美国文化人类学家

赫尔德（Johann Gottfried von Herder：1744—1803）德国人类史学家

边沁（Jeremy Bentham：1748—1832）英国哲学家

本雅明（Walter Benjamin：1892—1940）德国思想家

博厄斯（Franz Boas：1858—1942）德国出生的美国人类学家

霍加特（Richard Hoggart：1918—）英国社会思想家

霍布斯（Thomas Hobbes：1588—1679）英国哲学家

霍布斯鲍姆（Eric J. Hobsbawm：1917—）英国历史学家

霍克海默（Max Horkheimer：1895—1973）德国哲学家

密尔（John Stuart Mill：1806—1873）英国社会思想家

莫尔（Thomas Moore：1478—1535）英国政治家、思想家

摩尔根（Lewis Henry Morgan：1818—1881）美国人类学家

莫里斯（William Morris：1834—1896）英国诗人、工艺美术家

柳父章（Akira Yanabu：1928—）日本翻译家

山极寿一（Juichi Yamagiwa）日本灵长类动物研究专家

拉斯金（John Ruskin：1819—1900）英国艺术家、经济评论家

利奇（Edmund Ronald Leach：1910—1989）英国人类学家

罗威（Robert Lowie：1883—1957）维也纳出生的美国人类学家

华兹华斯（William Wordsworth：1770—1850）英国诗人

后　记

　　本书最初是作为我大学承担课程的教科书而构思的。十多年前，金泽大学首先开设探讨文化概念内涵的文学部"文化人类学特殊课程"，几年前又成为文科类本科学生的公共科目"文化概说"，成为本科生每年的必修课程。长久以来的形式都是将本书所举人物们的著作抽选出一部分作为阅读资料在课堂配发，我来对此进行讲解。配发的资料数量渐渐累积，而作为文科公共科目以来，听课者也与日俱增，这使得我开始考虑将其整理成一本书。

　　然而，我最初提出这一想法时，编辑部的中川大一就提出资料集不可成书，使我碰到了软钉子。也是由于这个原因，我斟酌、精选了配发的原著资料，为重新整合成章，几易其稿，终使书稿成为一整册阅读成文的书籍，这完全是凭借了他的助推之力，在此表示由衷的谢意。金泽大学原文学部的同事们也给予我各种指导，特别是德国中世纪史专业的田中俊之，帮助我将克罗勃与克拉克洪的《文化》引用的赫尔德的德文原文译成了日语，在此也由衷地表示感谢。

引用分量减少（即使如此，仍比普通书籍要多出许多），解释清楚原意之后，授课中口头说明的负担也减轻了，原文原意实在难以读取时，衔接引用文的部分也尽量做到了说明简短。

所费时间多在章与节的配序。相比起原著的解说，原著者为何这一时期考虑这样的事情、必须说那样的话常常作为切实问题，用详尽的介绍来罗列说明。

结果是，在探讨原有的授课题目——文化概念之上，其中浮现出的文化概念的形成，以及其中包含的意义焦点聚集在"近代"这一时代特性上。本书的内容虽是文化概念的探讨，章节构成却是"通过文化概念的开展来观察近代这一时代特性的追求"来作为概要，因此本书的意义不仅限于一本讲义录。

然而我更希望拿到本书的读者，能亲自读一读书中介绍的学者原著，在近代这一时代的各个场合下，切实感受古人因何而忧，所求为何。因为即使是以难解著称的康德，也有并非哲学专家的我们能读懂的文章。那是因为他所面对的问题，与我们生活的世界为同一个近代，时代的特性扎根于此。幸好这些近代前辈们的主要著作大部分都已得到翻译，而且其中很多是值得信赖的周详的作品。若能以本书为契机，将只能从字典、教科书中得知的许多人的话，在今天活着的我们同伴之间得以口耳相传的话，将会是无比欣慰的事情。

别样长夏的金泽

镜味治也

译者后记

本书是我博士在读期间翻译导师镜味治也先生的一本著作。镜味治也先生是世界著名人类学家、东南亚地域研究专家。先生在执教于金泽大学期间，有感于文化一词的泛滥及专门探讨文化概念著作的欠缺，整理多方资料撰写而成的一本专著。

文化作为我们的日常使用词语，其使用范围之广远远超乎我们想象。从而"文化是什么"成为一个意味深长，却又难解的话题。本书以文化为线索，对文化的来龙去脉，以及在不同历史背景下增添的多方面含义做了深入浅出的阐释。本书不仅能为我们研究地域文化、比较文化提供重要参考，此外，读者也能通过此书，对日本文化观做一了解。

本书在翻译过程中，得到了多位师长、友人的大力相助，特别是山西大学杜小军老师、郭永平老师，昆明理工大学芦坚强老师通读了全稿，为本书的修改提供了许多宝贵的修改意见。中国社会科学院罗红光教授在百忙之中为此书作序，台湾"中央研究院"黄树民教授对我的鼓励使我充满信心。另外，身边友人的鼓励和支持是本书翻译得以顺利完成的重要原因。由于篇幅有限，不能一一具名。在此对他们表示深深的谢意。

在编辑出版的过程中，商务印书馆丁波和王希两位编辑为本书的修改出版提供了许多方便，也正因为有他们的协助，才使译稿在中国得以出版。在此对为出版事宜多方奔走联系的希望出版社刘志屏老师和张保弟老师也一并致以谢意。

译稿在完成之前，对引文的日文版本进行了核查校对，但因为引文内容涉及庞杂，加上本人学识能力有限，差错在所难免。恳请读者在阅读过程中，对不当之处予以指正，我在此表示深深感谢。

文化作为工具一直以来被人为地添加了各种含义，这样反而与其最根本的交流符号意义渐行渐远。希望通过本书的出版，能为中日之间的文化理解起到一些正面的作用，这也是我最为期待之处。

山西大学历史文化学院讲师　张泓明

太原

2014 年 4 月 23 日

图书在版编目(CIP)数据

文化关键词 /（日）镜味治也著；张泓明译. —北京：商务印书馆，2015（2016.10重印）
ISBN 978-7-100-11523-0

Ⅰ. ①文… Ⅱ. ①镜… ②张… Ⅲ. ①文化研究 Ⅳ. ①G0

中国版本图书馆CIP数据核字（2015）第194114号

所有权利保留。

未经许可，不得以任何方式使用。

文化关键词

〔日〕镜味治也 著

张泓明 译

商 务 印 书 馆 出 版
（北京王府井大街36号　邮政编码 100710）
商 务 印 书 馆 发 行
三河市尚艺印装有限公司印刷
ISBN 978-7-100-11523-0

2015年9月第1版　　　开本 787×1092　1/32
2016年10月北京第2次印刷　印张 8 1/4

定价：46.00 元